シンプルな術理で
無限に応用！

「自他護身」武道

護道《ごどう》の心髄

国際護道連盟宗家
廣木道心

BAB JAPAN

はじめに

「無敵の達人になりたい！」

そう願っていた頃の「無敵」とは文字通り「向かうところ敵無し」という解釈でしたが、社会的に失うものがないために躊躇なく犯罪を起こす「無敵の人」というネットスラングがあるように、ただ敵を排除する「無敵」の発想は自己中心的になりやすい傾向を感じるようになりました。また修行の過程において「そもそも敵を作らないことが無敵である」という解釈を知り、理想的な発想だと思いましたが、実際にみんなに好かれて誰からも嫌われないように配慮することは無理があるな…とも感じていました。

しかし、最終的に私が辿り着いた護道における「無敵」は、そのどちらでもありませんでした。

愛する我が子のパニック時に「お互いに傷つかないためにどうしたらいいか？」という課題から始まり、介護や医療や教育の現場での使用を念頭に開発してきた護道では、相手を打ち負かすことを目指しておらず、対象となる相手は敵ではないので、敵を作らない配慮も必要がないからです。

つまり、護道においては「最初から敵がいないから無敵」ということになります。ただ想定する相手が敵ではないだけに「自他護身」という課題があり、さらに体格差や腕力差がある我が子のパニックに悩む親や支援者でも使える工夫が必要でした。そうした課題を踏まえた技術開発のために、武術の達人技の解明にも取り掛かりました。

その過程において、様々な武道や格闘技に精通する方々との交流、強度行動障害のある方の支援現場での対応、果ては街中の喧嘩などのトラブルの仲裁に至るまで「自他護身」をテーマに接していくなかで、ふと「相手を愛する我が子だと思って対応していれば、よりスムーズに調和できること」に気づきました。

２０２１年に著書『護道の完成』とＤＶＤ『武の達人』を出版し、２０２３年にはＮＨＫの武術番組「明鏡止水～武のＫＡＭＩＷＡＺＡ」やラグビーワールドカップ特別企画番組「武の闘球（ラグビー）」に出演したことで、益々「護道」の認知度が高まりました。

テレビ番組にて体格差のあるラガーマンや屈強な総合格闘家に押し負けず、さらに押し返していくパフォーマンスを見た方々から、「もっと護道の技術を知りたい！」「今までの護身術とどう違うの？」「具体的にどんなときに使うの？」といった質問や疑問が寄せられるようになりました。しかし、テレビで実演した現象も優劣の結果ではなく、相手を敵と認識しない護道の術理によって単にバランスがとれていたに過ぎないのです。

本書では『月刊秘伝』での連載を新たに纏め直し、今回は技術をメインに実体験を交えながら紹介しています。ただし、技をメインに紹介していますが大切なことはあくまでも、その根底に流れている理念や基礎となる法則です。

紹介しているいくつかの実用の技についても、一つの現象を切り取った参考例でしかなく、そこに囚われてしまうと本質を見失います。

また既存の武道や格闘技の概念では理解しがたいかもしれませんが、護道では相手に勝ちを譲ることもあります。例えば、あなたの愛する我が子がパニックになったとき、抑えつけて制圧し続けることがベストでしょうか？　我が子が落ち着くことが目的であるなら、そんな力勝負の勝敗に囚われることなく、関係性への影響を考えて優先するのではないでしょうか？

「技は使わないために学び、護身の必要のない世界を目指す」

護道の目指す境地は調和にあり、お互いの身心を繋ぐためのコミュニケーションツールなのです。本書を通じて、護道をより知って頂く機会になれば幸いです。

２０２４年　国際護道連盟宗家　廣木道心

CONTENTS

第1章

護道の3つのシステム
錬成法・検証法・実用法

護道の目的

護道とは自分も相手も傷つかない〝自他護身〟を目的に開発した新しい武道です。

私には、障がいのある我が子のパニック時に、お互いに傷つかないように独自に対応してきたことで、最終的に息子は落ち着いてパニックを起こさなくなった経験があります。その後、同じように対応で困っているご家族からの指導の要望や、福祉医療教育の現場での必要性を知ったことが護道の開発のきっかけとなりました。

そのパニック時の誘導技術は現在「支援介助法」として「対応→分析→予防」の３つの視点を持つフィードバックシステムとして体系化されており、最終的に対応しなくてよい状態、すなわちパニックを起こさない落ち着いた状況に導いていくものとして様々な支援現場で指導させて頂いております。この支援介助法における「対応」で使用しているのが護道の技術です。

護道には支援介助法の分析と予防はありませんが、最終的に技を使わない状態を目的にしている点では共通しています。

護道の稽古体系

そんな護道ができる過程において、技術開発としての課題がありました。

それは「パニックを起こした際に力が強いのでどう対応したらよいでしょうか?」という障がいのある子どもと暮らす母親から相談を受けたことで明確化されました。年齢、性別、体格による力の差の克服が必要なこと、相手は我が子なので傷つけられない(傷つけたくない)こと、パニックを回避した後も日常生活での共存は続くため、一時的であっても痛みや恐怖を与えるような制圧方法は関係性が崩れるので使用できないことなどでした。

そうした課題の克服のために従来の武道や護身術にはなかった「自他護身」の理念や「先制防御」の戦略が生まれ、「護道構え」「脚止め」「歩法」による間合いの操作、力の差を埋めて落ち着かせるための「錬成力」「一体化」「無力化」など様々な独自技術が生まれたわけです。

そして、誰もが身につけられる稽古体系を構築する必要がありました。

その主な稽古体系は、大きく分けて「錬成法」「検証法」「実用法」の3つのシステムで成り立っています。

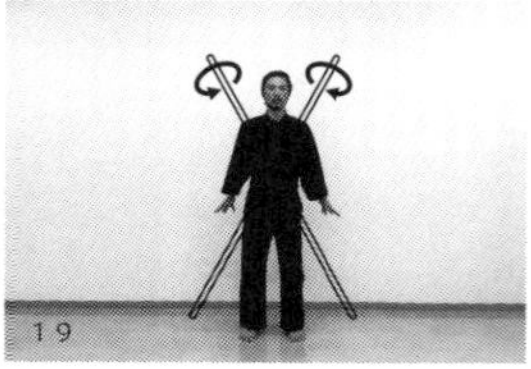

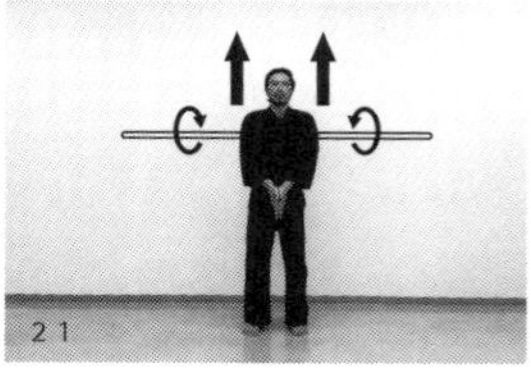

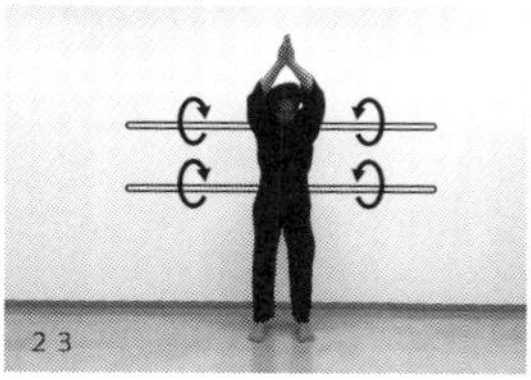

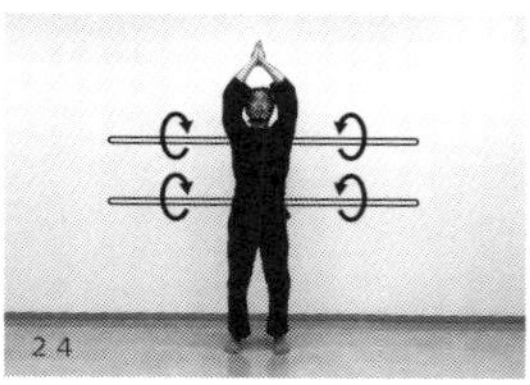

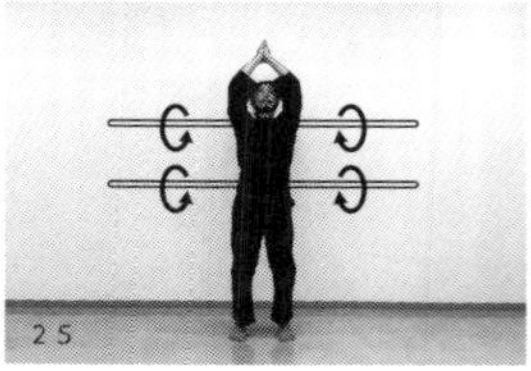

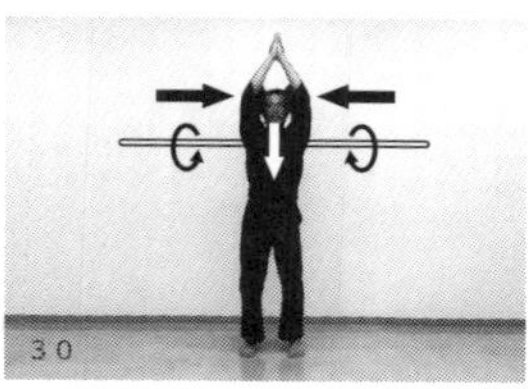

錬成法

①～②揃えた両足の踵を支点に、つま先を45度ずつ開き、母指球を支点に踵を開いて足を肩幅に。③～⑥両手を合わせ、肩左右軸を回転させて胸前まで上げ、手の指先をつけたまま左右に開き、肩左右軸を後方に回転させて腕を上に伸ばす。⑦肩前後軸を回転させて腕を水平まで下げる。⑧～⑨肩左右軸を後ろに返してから戻す。⑩肩前後軸を回転させて腕を下げる。⑪～⑮両手を合わせ、肩左右軸を回転させて胸前まで上げ、手の指先をつけたまま左右に開き、肩左右軸を後方に回転させ、指が胸の真ん中に向いた時点で左右上下軸を内側に回転させ、首軸、胸軸、前後軸をイメージしながら腕を伸ばして護道構え。⑯肩前後軸を回転させて掌を上に向けて、⑰左右上下軸を回転させて肘を後方へ引き、肩甲骨を寄せる。⑱手で仙骨に触れてから斜め後ろへ腕を伸ばして、⑲左右交差軸を回転して胸を張ってから力を抜いて手を体側へ、⑳肩左右軸を前から後ろへ3回、廻す。㉑手を合わせて肩左右軸を回転させて腕を上げて、㉒～㉓肩左右軸と左右軸を回転させて前に倒して戻す。㉔～㉕同じく後ろに倒して戻す。㉖左手で右手首を掴んで中心軸を右上下軸に移してから、㉗右肩前後軸と右脚前後軸を回転させて、㉘左に身体を倒して戻す。㉙右上下軸を中心軸へ戻す（同じ要領で反対も行う）。㉚肩左右軸を回転させつつ、肘を合わせて胸前まで肘を下げる。

【次頁へ】

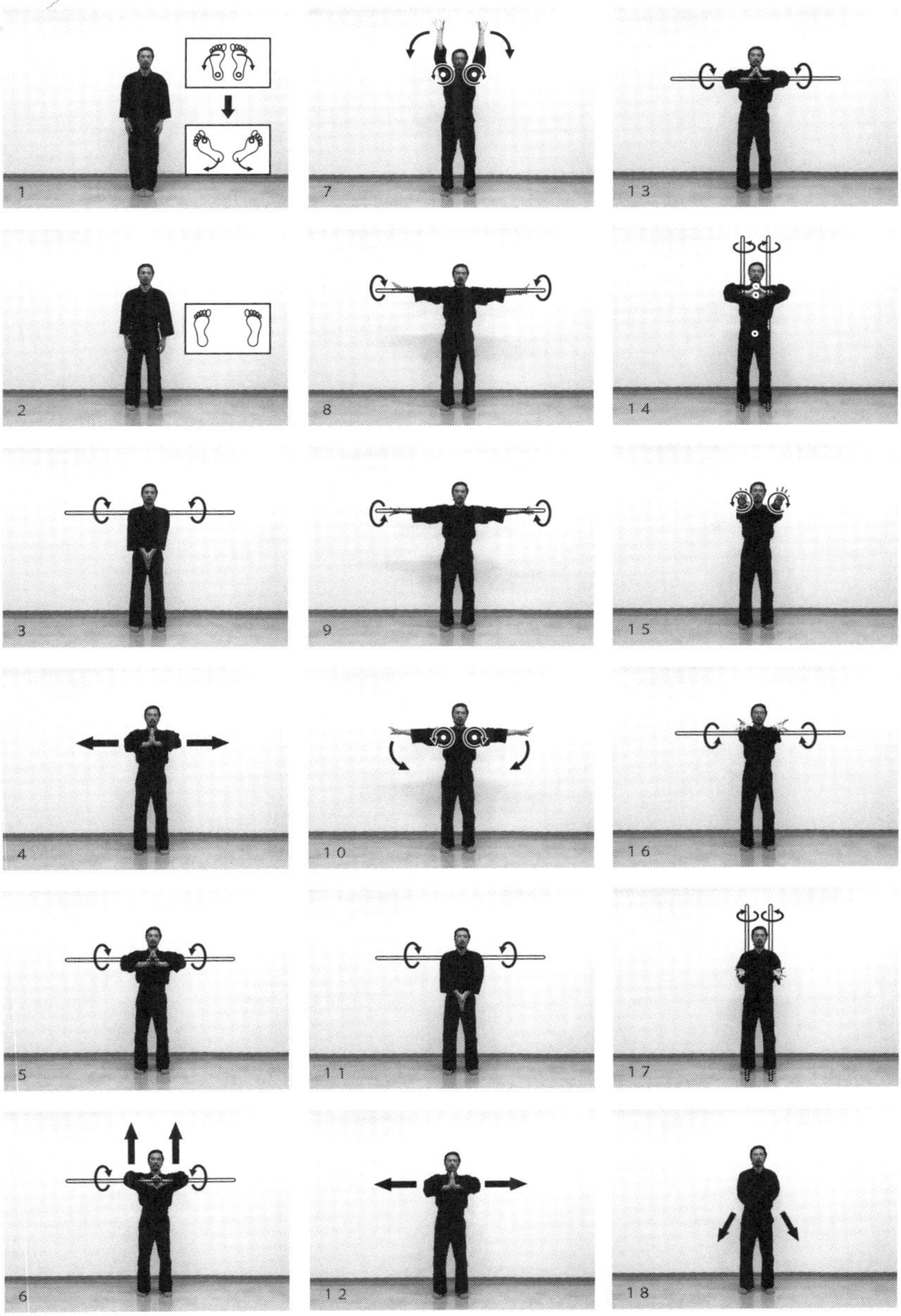
1
2
3
4
5
6
7
8
9
10
11
12
13
14
15
16
17
18

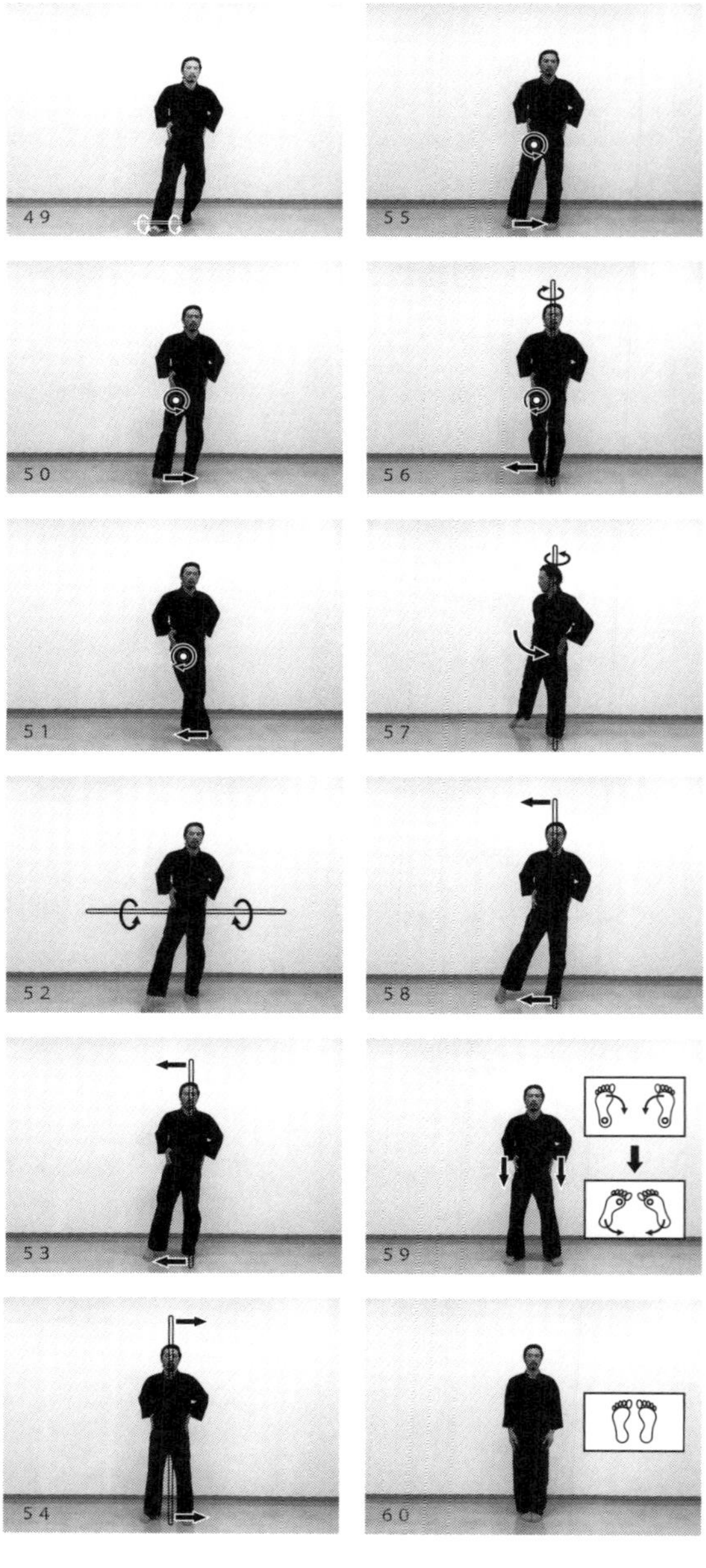

㉛肘の左右軸を回転させて前に腕を伸ばす。㉜掌を上に向けるように開いて、㉝左右の上下軸を回転させて腕と胸を開いて、㉞戻す。㉟肩左右軸を右半分だけ回して右手の掌を下に向ける。㊱中心軸を左に回転させて後方へ身体を捻って、㊲戻す。（※反対も同様に行う）。㊳肩前後軸を廻して腕を下げる。㊴腰を手で押さえながら中心軸を左上下軸に移して、㊵左右軸で右足を後方へ引き、㊶左右軸を戻すように回転させながら膝を上に上げる。㊷膝の軸を回転させて踵から前に着地。㊸足首の軸を回転させてつま先立ち。㊹左右軸を回転させて足を引き戻して、㊺左上下軸を中心に戻す（※同じ要領で反対も行う）。㊻中心軸を左上下軸へ移し、㊼左右軸を回転させて膝を上げ、㊽左右軸を戻しながら踵から足を着地。㊾足首の軸を回転させてつま先立ち。㊿右脚前後軸を回転させて払うように足を動かして、(51)戻す。(52)左右軸を回転させて足を戻し、(53)左上下軸を中心軸へ戻す（※同じ要領で反対も行う）。(54)中心軸を左上下軸へ移し、(55)踵を浮かせたまま右脚前後軸を回転させて右足を引き寄せ、(56)左上下軸を回転させながら右脚前後軸を回転させて足を伸ばす。(57)左上下軸を回転させて正面を向き、(58)左上下軸を中心軸に戻す（※同じ要領で反対も行う）。(59)腰に当てていた手を下げて、踵を中心に内側につま先を寄せ、母指球を中心に踵を寄せて、(60)最初の立ち方に戻る。この後、手首、足首、肘、膝、首を解して終了。

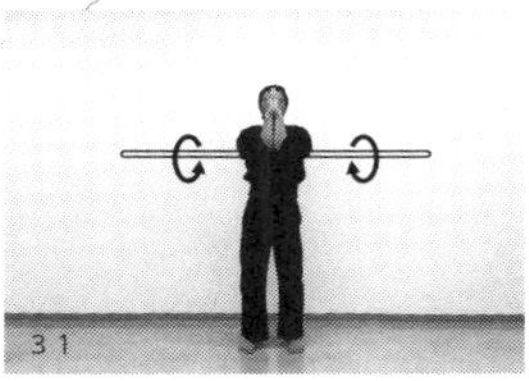
31

32

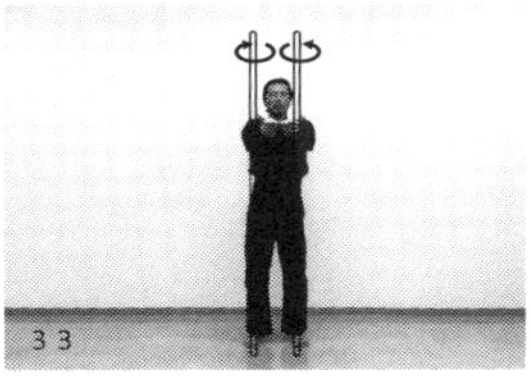
33

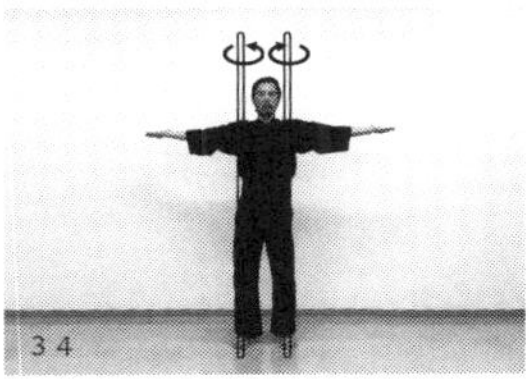
34

35

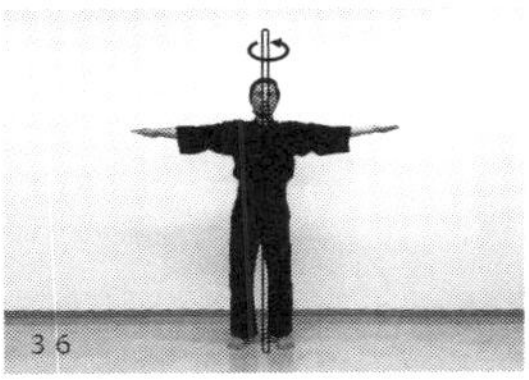
36

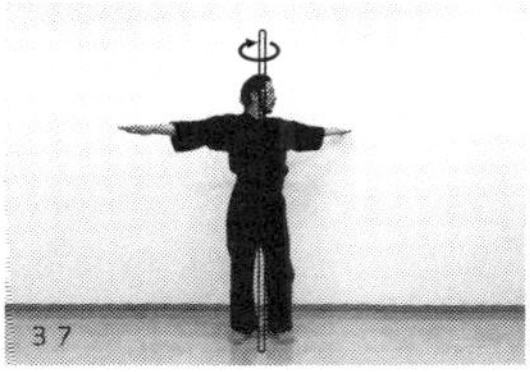
37

38

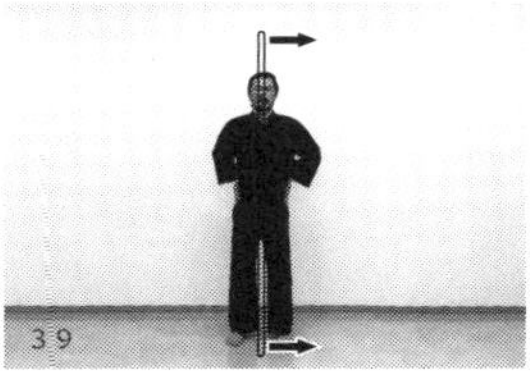
39

40

41

42

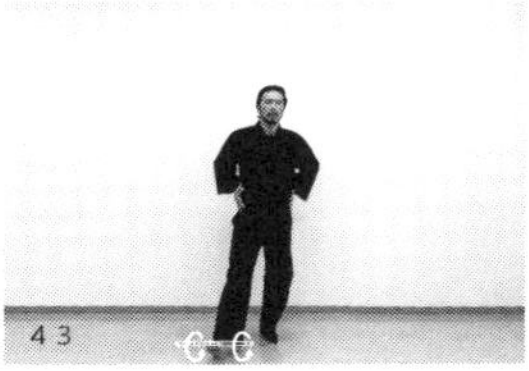
43

44

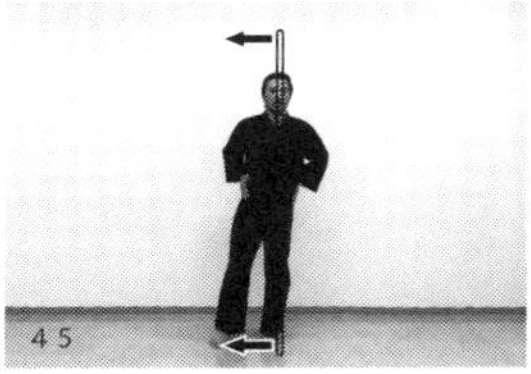
45

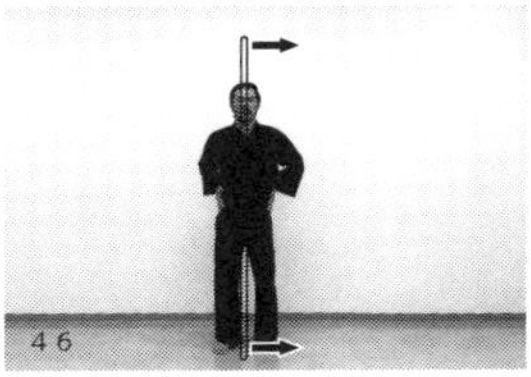
46

47

48

錬成法とアンカリング

「錬成法」の目的は自身の身体の力を引き出すことであり、その力を錬成力と呼んでいます。この錬成法はアンカリング（アンカーとトリガー）の技術を活用したものです。

まずアンカーとして14本ある体幹軸の動きをイメージしながら動作を行うことで、不要な力みを軽減しつつ、骨格構造上の強い姿勢から力を出す感覚を身体に記憶させ、同時に記憶した姿勢や力を瞬間的に引き出せるように護道構え（手の形）をトリガーとして刷り込んでいくための「型」です。錬成法には基礎となる「錬成法」と自他護身としての動きを加えた「護身型」があります。

そのため、護道における「護道構え」は単なる防御のための構えではなく、複雑な手順をショートカットして感覚を引き出すためのトリガーの役割も兼ねたルーティンでもあるわけです。そして、最終的にはトリガーがなくても無意識に力が発揮される状態を作っていきます。

今回、錬成法の効果を理解して頂くために、空手のサンチンの形を例に錬成法の一部の動作（護道構え）を通じて発揮される力が変わることを紹介します。

このような例は他にもあります。例えば、総合格闘技の試合で自身が倒れている際に、立っ

錬成法（護道構え）からのサンチンの腕の形での腕押しの実験

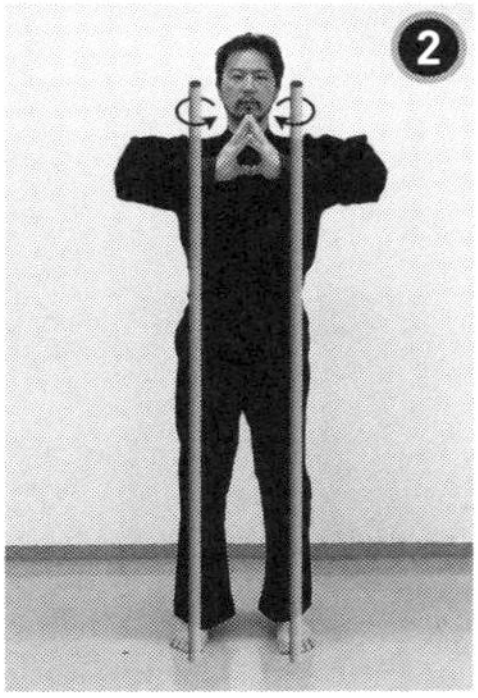

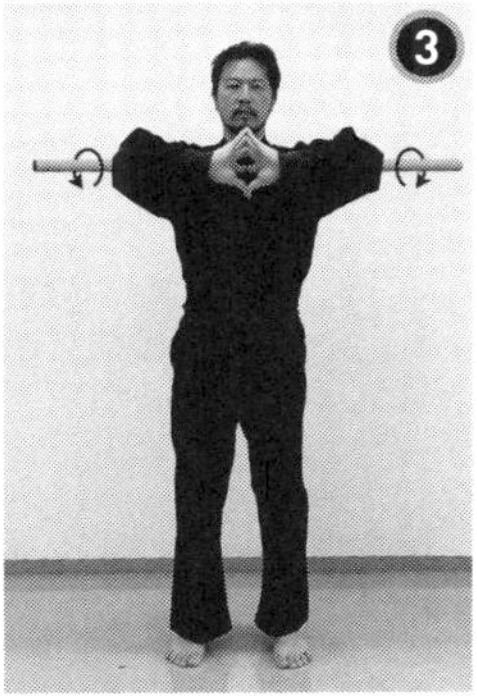

❶所謂、空手の三戦（サンチン）の型のような感じで構える。ポーズだけであれば、腕力で押し込まれる。❷錬成法の動作の一部を行う。両手の指先を合わせて、左右の上下軸を内に回して肩甲骨を開いて指先に圧力をかける。❸手首を返して、両手の真ん中にボールがあり、ボールを前に押し出すようにイメージして、❹腕を伸ばしながら護道構え。❺両肩の前後軸をイメージしながら、手のひらを上向きに返す。❻そこからサンチンの形にすると腕を押されても簡単には崩れない。これは骨が揃い、肩が補強されるためである。この強い姿勢の際に手の形を眺めておく。再びサンチンの形を取った際に、手をパッと開いて眺めれば、その動作がトリガーとなり、アンカリングした強い姿勢の状態が引き出されて耐えられるようになる。錬成法を通じて、護道構え（手を開く動作）をトリガーにしていく。

錬成法（護道構え）からの長座で足を引かれた際（パスガード対策）の実験

❶体育座り（長座）の状態は足に力が入りにくいため、引っ張られて廻り込まれやすい。❷錬成法の動作で護道構え。❸肩の前後軸で手首を返して、肩の左右軸を回転させるさせるイメージで、❹肘を後ろに引く。❺左右の上下軸を内側に回して肩甲骨を寄せながら、仙骨に手を触れてから、両手の指先を地面につける。肩甲骨を寄せて腰（仙骨）を入れることで足に力が入り、相手は足を引くことができない。❻この強い姿勢を錬成法を通じて、護道構え（手を開く動作）をトリガーにしてアンカリングしておけば、腕を自由に使えるようになるので、攻撃を防ぐこともできる。❼さらに検証法で一体化を身につければ足を動かすことで投げることもできる。

ている相手に足を引っ張られて、横に廻り込まれて抑え込まれる（パスガードされる）場面があります。通常、こうした長座の状態は腰が抜けているために力を発揮しにくいのですが、ここでも錬成法の動作を用いると足を引かれにくくすることができます。

検証法と一体化

次に行う「検証法」は「一体化」の感覚を身につけるためのものです。基本的には二人一組で行う稽古方法で、ここでもアンカリングの技術を使い、護道構え（手の形）をトリガーとして定着させていきます。

鍊成法が自身の能力を最大限発揮することが目的であるのに対して、検証法で身につける「一体化」は、相手と調和して相手の力を発揮させない技術です。この両方に通じているのが体幹軸のイメージです。

これまでも一体化という言葉自体は様々な武道でも用いられていますが、その調和した状態というのが明確ではありませんでした。

護道の「一体化」とは、接触点を通じて相手の軸をイメージすることで不覚筋動（観念運動）の働きを利用して自他を繋ぎ、動きや力を封じて誘導できる状態になることです。

武道で「軸が大切」と言われるとき、大半の場合「天地の軸（上下に通る中心軸）」が重要視されていますが、「天地人」という言葉があるように物理空間は3次元なので、実際には前後左右に伸びる「人の（物質や空間を繋ぐ）軸」もあります。

ちなみに軸そのものは解剖しても存在しない概念ですが、軸をイメージすることで不用な力み（主に屈筋群の過剰な筋収縮によるパフォーマンスの低下）を防ぎ、そのことで不覚筋動の作用（微振動の伝達）の効果を高めることができます。この護道独自の「一体化」により、相

体幹十四軸

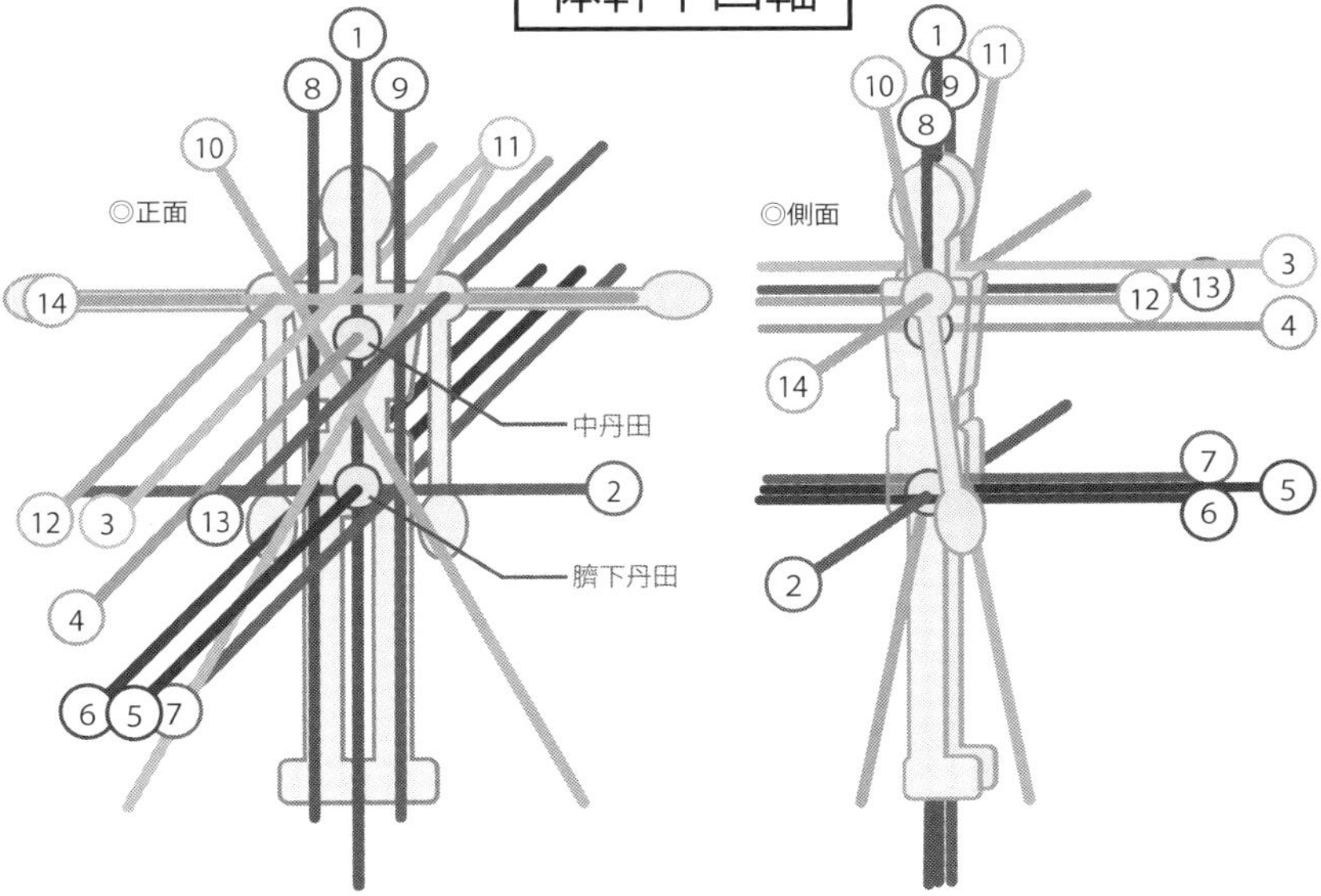

①上下軸（中心軸）　②左右軸　③首軸　④胸軸　⑤前後軸　⑥右脚前後軸　⑦左脚前後軸　⑧右上下軸　⑨左上下軸　⑩右交差軸　⑪左交差軸　⑫右肩前後軸　⑬左肩前後軸　⑭肩左右軸

手との力の差を埋めることが可能となっています。

検証法では、立位・座位・臥位・動作という日常生活における姿勢と動作において、前後左右などから相手に圧力を加えてもらいながら、どの状態でも一体化ができるように修練していきます。

今回、実例として、検証法の立位での側面押しを紹介しておきます（25頁写真）。

実用法と自他護身

そして、最後に自他護身を目的とした「実用法」を学習していきます。

基本となる「実用法」は、第一局面から第五局面まであります。

他にも、手解き・手合せ・手捌き・手掴み・手探りなど、一定の条件設定を設けた上でランダムに攻防を行う独自の訓練法もあります。

また第五局面以降は多人数への対応などの応用技法もありますが、様々な変化も加えていけば、技は無限に増えていきます。

大切なことは技の数ではなく、原理原則を理解して必要な際に無意識に使えることです。

検証法　立位・側面押し

❶横から相手に押してもらって検証を行う。通常であれば押されてしまう。❷錬成法の動作で護道構え。❸そのまま、腕を斜めに向けた状態で肩に触れてもらうことで、接触面に角度をつけて押しにくい状態を作る。また、肩に触れている相手の腕を自分の腕だと考えて、その腕が伸びていくとイメージし、不覚筋動の動きにより、一体化する。❹相手が押してくる瞬間に膝を弛めてしゃがむことで、ベクトルを合成する。さらに相手の前後軸が回転しているイメージを加えて一体化をより強くする。バランスがとれると相手はそれ以上、押すことができない。その状態での護道構え（手を開く動作）をトリガーにしてアンカリング（定着）しておく。❺再び、側面から肩に触れて、押してもらう。このときはトリガー（護道構えの手の形）を用いて、瞬間的に一体化できるように繰り返し訓練を行う。

護道構えとアンカリング

❶単なる形だけ手を伸ばした状態では、押し負けたり、❷抑えつけられたり、❸払われたりしてしまう。❹〜❻錬成法と検証法を通じて「護道構え」をトリガーにしておけば、アンカーして（記憶させて）おいた姿勢の状態や一体化の感覚がショートカットで発揮できるようになる。自他護身のための「先制防御」を目的として開発された護道構えには、単に距離を取るためのガードだけではなく、力の差を埋めて、お互いのバランスをとる役割も含まれている。

【護道稽古体系】

錬成法	検証法	実用法
護道型	立位	第一局面（先制）
壱ノ型	坐位	第二局面（接触）
弐ノ型	臥位	第三局面（密着）
参ノ型	動作	第四局面（坐臥）
肆ノ型	多数	第五局面（凶器）
伍ノ型	型・検証	

実用法には基本となる五つの局面以外にも対多数や凶器に武器で対応する局面などもある。
またランダムな動きに対応する感覚を身につけるための訓練法や身心を整える調整法がある。

そのため、護道では基本的にワンアクションで使用できることを理想としており、無駄を削ぎ落したシンプルな動きを目指していきます。その代表例が「護道構え」です。護道構えは基本であり、極意の一つでもあります。

それは誰もが技を使えるためでもありますが、実は技がシンプルであるほど相手は何をされたのか理解できません。相手が技をかけられたと認識できなければ不要な恨みをかうこともなくなります。そして、最終的には技を使わずに済む状態を目指します。

敵を無くすと書いて無敵ですが、そもそも相手を敵と捉えない「無敵」から護道は始まっています。障がいのある我が子のために開発したものであり、単なる護身術ではなく、包括的なコミュニケーションツールなのです。

第2章

実用法・第一局面
離れた間合いの対応

さて、実際に街中にて、護道の技を使用した体験談を交えながら「実用法」について解説していきたいと思います。

自他護身Episode 1

深夜の工事現場での仲裁

それは深夜にコンビニへ行った帰り道での出来事でした。交差点で自転車に乗ったイケメンのお兄さんが、赤信号の横断歩道を通過しようとして走ってきました。その先の道路では工事が行われており、アスファルトが舗装されている最中でした。そのため、スコッチコーンが立てられていましたが、自転車の男性はそのまま走っていこうとしたため、現場作業員が自転車の前に立ちはだかって止めようとしました。しかし、自転車の男性はブレーキをかけることなく、作業員を避けて通過しようとして、石油アスファルト乳剤が散布されている道路で滑って勢いよく転倒。男性は横転した後、顔を地面に打ちつけ、しばらく、そのまま動きませんでした。

工事現場の作業員が二人駆け寄ってきたところで、倒れていた男性が「お前、なんで止めたんじゃ！」と座った状態で怒鳴り声を上げていました。男性は顔面が血だらけになっていました。それに対して作業員が反論し、他の作業員が、傍で救急と警察に連絡をされていました。その間に自転車の男性はフラフラしながら作業員に詰め寄ってきました。

通りかかった手前、冷静になるように声をかけるも、男性は怒りで興奮状態。口臭からはアルコールの匂いがしていました。作業員も危険を感じて、とりあえず歩道まで移動されましたが、男性も「お前、誰じゃ！　名前教えろや！」と拳を握りしめて、作業員を歩道まで追いかけてきました。

そこで、私はスマホを取り出して、作業員のやや斜め後ろから、顔面血まみれの男性の写真を撮りました。

すると「オイ！　オマエ〜！　何、勝手に（写真）撮ってんねん！」と、これまで仲裁の声かけには全く反応しなかった男性が、こちらに反応して近づいてきました。つまり、フラッシュとシャッター音でワザと男性の注意を引くことで、とりあえずは作業員へ向かう意識を逸らすことに成功したわけです。

しかし、今度は私に詰め寄ってきたので「いやいや、お兄さん、状況わかってないかなと思って……」と言うと「何いうとんじゃ！」と言われたので「ほら、めっちゃ血だらけですよ！」と言いながら写真を見せると「え？　ほんまか！」と、少し驚いていました。「写真は消しときますね！」と言って安心させてから、「お兄さんの怪我と出血が心配なんで、少し座りませんか？」と促しました。

　しかし、かなり酔っ払っていることもあり、急に私を作業員の仲間と勘違いして怒鳴りながら向かってきました。それに対して、右手にスマホを持ったまま、護道構えで相手の両腕に軽く触れて一体化することで動きを封じつつ、「まぁまぁ、とりあえず待ちましょう！」と言いながら、腕封じの技術でスマホをポケットにしまってから、押してくるベクトルを変えて転倒しないように配慮しながら誘導。「何を待つねん！」と言われたので、「いやいや、お兄さん、めっちゃ血が出てるから治療してくれる人を呼ばせてもらったんですよ」と答えながら、救急車が来るまで一体化で身体を支えつつ、落ち着くように促していました（34〜35頁写真）。

　その間、作業員の方々も周囲も私のやり取りを見守っておられました。

　そして、救急車が到着したので、相手の側面から軽く仙骨に触れてサポートしながら救急車へ誘導。救急隊の話では、顔面4箇所を深く切っているようで、即病院で手術して縫う必要があると言われていました。その後、警察が到着して事情聴取を受けて帰宅したら朝方になっていました。

技を使ったことを気づかせない

この一連の対応について、もし男性が迫ってきたときに私が体捌きで投げ飛ばして、関節技で動きを封じ、逮捕術や格闘技のような制圧方法をとっていたら、周囲もざわついていたと思います。

また投げる際に崩しやすいように膝蹴りを加えるとか、関節技を掛けやすくするために当て身を入れて意識を逸らすような方法をとっていたら、後々相手に恨まれることになったかもしれません。さらに一時的な制圧のつもりで関節技をかけていたとしても、興奮した相手が無理に動いて、意図せず相手に怪我をさせて加害者になっていたかもしれません。

しかし、護道は先に相手の攻撃手段を封じる「先制防御」が基本であるため、今回のケースでは男性との殴り合いを回避することができました。

また、男性を力任せで抑えたわけでも関節技を極めて制圧したわけでもなく、ただ軽く触れて一体化している状態なので、男性も何故、動けないのか？がわかっておらず、その後は相手

喧嘩の仲裁での一体化

❶スマホのシャッター音で作業員へ向かう男性の気を逸らせる。❷こちらへ男性が近付いてきたので護道構えをとりながら落ち着くよう促す。❸殴りかかろうとしたので先制防御で相手の腕に軽く触れながら、相手の左右の上下軸を回すイメージで一体化。❹動きが止まっている間に相手の右腕を巻き込むようにして、❺〜❻「小手捕り脇挟み」で腕の動きを封じる。スマホをポケットに戻してから、❼〜❽「小手送り」から「重ね抑え」。❾相手に軽く触れながらも、右上下軸、中心軸、前後軸など複数の体幹軸を回すことで一体化して動きを封じる。❿相手を支えながら、接触面から相手の反発する力に対して、時折、力を抜く「無力化」で身体を弛緩させて落ち着くように誘導する。一連の動作を会話をしながら誘導しているため、相手は技を使っていることに気づかない。言葉がけも含めて相手の自尊心を傷つけないように配慮。男性からも、作業員からも、救急隊からも、警察からもお礼を言われて対応は終了した。

のプライドに配慮しながら声をかけつつ、力のベクトルを誘導しているので、男性自身も技を使われていることに気づいていませんでした。そして一体化は見た目にはわからないので、周囲もやり取りの中で私が技を使っていることに誰も気づいていません。

加えて会話でのやり取りはキャリア10年以上の介護士経験が役に立っています。ですので、武道や護身術でいう喧嘩の仲裁や実戦というよりも、感覚的には介護業務の延長線という感じです。

ただ介護業務感覚というのは、あくまでも私の捉え方であり、介護士や福祉関係者でも、まだまだ護道を「支援者のための護身術」だといった誤った認識の方もおられます。つまり介護・医療・教育の現場でも、単なる自己防衛の護身術のように多少ダメージを与えてもいいから、相手を動けないように制圧すると考えている支援者がいます。実際は、その後の相手との関係性も踏まえた包括的なコミュニケーションツールであるという理解が、まだまだ行き渡っていないということです。

関節を極めて動けなくするとか、馬乗りやうつ伏せにして手足を押さえつけて制圧する方法を「あなたは愛する我が子に使えますか？」または「その技で我が子が誰かに制圧されている姿を見たいですか？」ということです。これは優劣の話ではなく、既存の様々な武道や格闘技の制圧方法は、介護や医療や教育の現場では、使えるか?使えないか?ではなく、使いたくないし、使ってほしくないということなのです。

今回の実用例は介護などの支援現場ではないですが、そもそも相手は頭を打って怪我をしていますから、下手に格闘技的な技を使って、もし何かあったら仲裁した意味がなくなってしまいます。だから、相手を無理に倒さず、護道構えと一体化で動きだけを封じながら、落ち着かれるように対応していたということです。

実用法と先制防御

トラブルやパニック時にお互いを傷つけない「自他護身」の具体的な対応については実用法で学びます。実用法は間合いや状況別に五つの「局面」を基本としています。

その中でも第一局面は、護道としての基本戦略である「先制防御」を学ぶためのものであり、間合いを理解し、先を取って相手と繋がることが重視されています。技術としては姿勢(錬成力)、護道構え、歩法(脚止め)、腕封じ、一体化(抱きかかえ)などが組み合わさっています。

先制防御を身につけるために、最初にお互いに両腕を伸ばして突き蹴りが届かない間合いを

先制防御からの重ね抑え

❶お互いに腕を伸ばして向き合う。攻め手側は拳を握る。互いの突き蹴りなどの攻撃がギリギリ届かない見切りの間合いを理解する。❷相手が右足を引いて構える。❸相手の差し足（左足）側の足（右足）を上げて「脚止め」で蹴りの間合いを封じながら、❹正面ではなく、右にズレながら護道構えで相手の腕を封じて一体化。❺「重ね抑え」（相手の右腕の上に左腕を重ねること）で腕を封じる。❻腕を持ち替えながら「側面封じ」。

❼相手を引き付けながら移動して「背面封じ」。腕を前に伸ばすようにして身体を圧迫する。❽圧迫に対して抵抗してきた相手の力を利用して腕を後ろに束ねて「諸手封じ」。❾足を引きながら仙骨を押すことで崩して、❿相手を坐らせる。⓫⓬さらに抵抗が激しい場合を想定して、片手で両腕を抱えながら空いた手で相手の肩を抑えつつ、身体を横向きに倒して抑える。実用法の第一局面では、「繋ぐ→包む→導く→結ぶ」という護道の先制防御の技の流れを身につけるように稽古する。

注意点（補足説明）

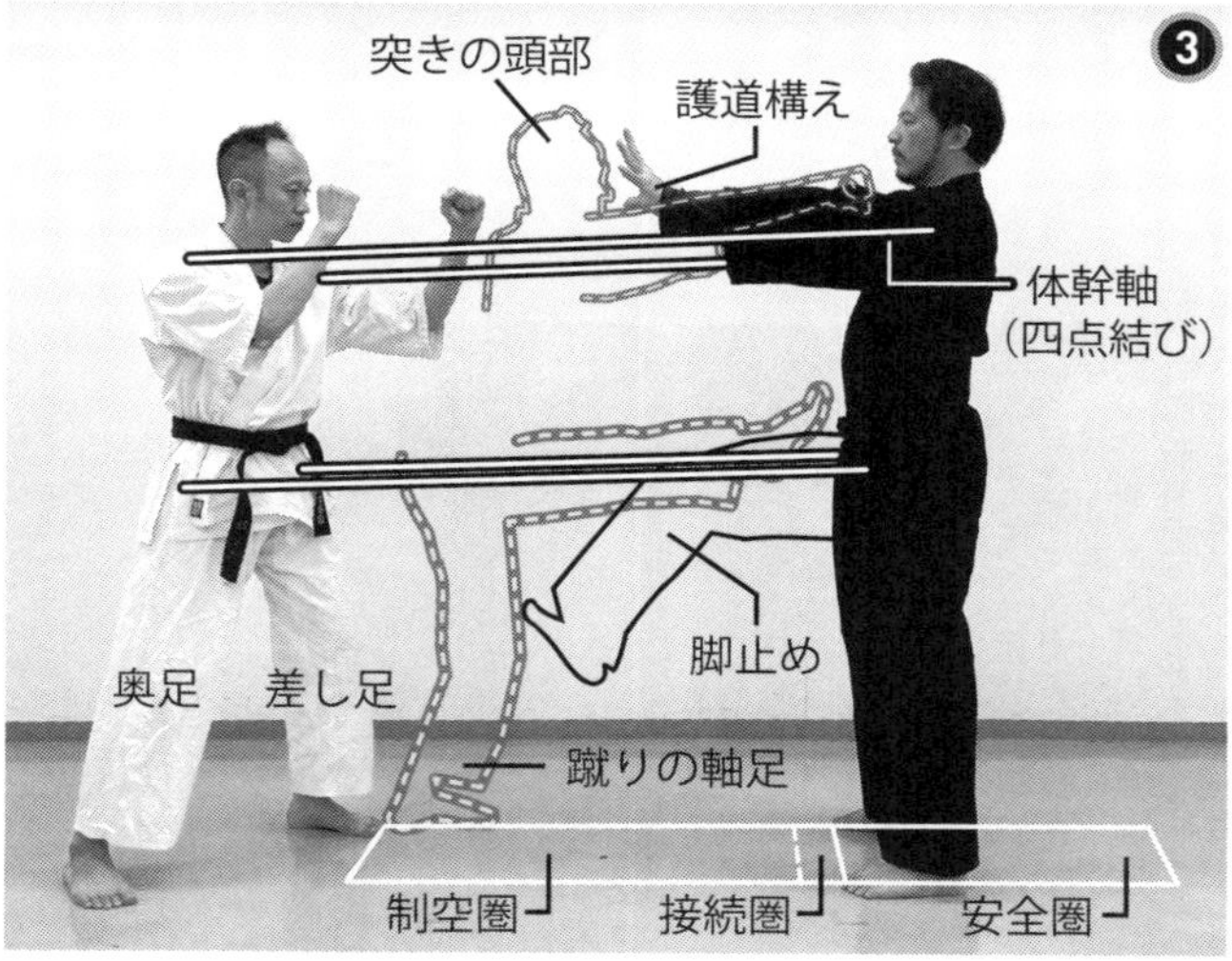

❶ズレずに真っすぐ突っ込んでいくと先に蹴りをもらうことになる。❷相手の顔にプレッシャーをかけようとして手を伸ばしていくと腕を掴まれて膝蹴りを喰らうことになる。護道構えは、顔を押すためのものではなく、手による攻撃手段（攻撃範囲）を封じるためのものであり、顔ではなく手前にある腕を封じていくことが目的である。❸まず、相手の手と足が届く制空圏を理解することが大切である。その上で肩と足の前後軸で相手と繋がっているとイメージすること（四点結び）で反応力を上げる。相手の手が届く際の頭の位置へ向かって、先に護道構えをとっておくことで殴らせない。そこから相手の蹴りが届かない（軸足が制空圏に入らない）ように「脚止め」を行い、接続圏を越えて、差し足側へズレながら両腕に触れて一体化で封じる。護道では、先制攻撃でも防御からの反撃でもない「先制防御」を基本の戦略としている。

確認します。原則として、この間合いに入らなければ攻撃を受けることはなくなります。また、もしも相手が攻めてくる気がない場合は、護道は優劣をつける格闘技ではないので、わざわざ間合いを詰める必要はありません。

その上で相手が攻撃意図をもって間合いを詰めようとしてきた場合は、護道構えのまま、相手の差し足（自分に近いほうの相手の足）側へ、脚止め（軽く膝を曲げたまま足を前に上げる

【実用法・第一～第五局面】

第一局面
（離れて対峙した距離）
間合いを詰めて先制防御から一体化して動きを封じる。
第二局面
（接触できる距離）
主に掴まれた状態から相手と一体化して動きを封じる。
第三局面
（密着できる距離）
密着された状態から相手と一体化して動きを封じる。
第四局面
（座位・臥位の状態）
座位や臥位の状態から回避して相手と一体化して動きを封じる。
第五局面
（凶器と対峙した状態）
凶器を持つ相手に対して5つの基本動作を理解して対応する。

他にも相手が多人数の状況や凶器に対して武器を持って対応する場合などの様々な局面がある

ことで蹴りの間合いを封じて相手を居着かせる）しながら、正面からズレつつ、相手の腕を取って動きを封じる「腕封じ」を行います。

ここまでの動きは、第一局面の対応において共通しています。また「重ね抑え」が使えないときの応用として、「引き込み」や「小手三角」や「袖潜り」など様々な「腕封じ」があります。

第3章
先制防御からの腕封じと脚止め

先制防御からの脚止め

❶「脚止め」は蹴り技に対する意識で間合いを詰める。お互いの突き蹴りが届く制空圏を理解して、その距離に入らないことを心掛ける。「四点結び」を用いて相手の攻撃の動きの兆しを捉えながら、間合いを詰めることで相手に攻撃目標（現状の立ち位置）をロックオン（限定）させる。❷その後、相手の攻撃がギリギリ届く接続圏を避けて差し足側にズレると相手は攻撃目標を急に変更できないため、その間に間合いを詰めて、護道構えで攻撃武器となる手を封じていく。❸その後の「腕封じ」の技術は状況に合わせて変化して用いる。

「脚止め」

「脚止め」は、蹴り技に対する間合いの詰め方が含まれています。素手同士の場合の間合いの基準は、一番モーションが少なく、かつ最短距離で届く相手の中段直蹴りが届かない距離になります。

距離だけで言えば、中段の回し蹴りや横蹴りのほうが腰をいれて蹴ってくる分、距離は伸びますが、動きは直蹴りのほうが身体への到達速度が物理的に早くなります。同様にステップで軸足をスライドさせてくる蹴りや斜めに踏み込んで蹴ってくるような方法も、

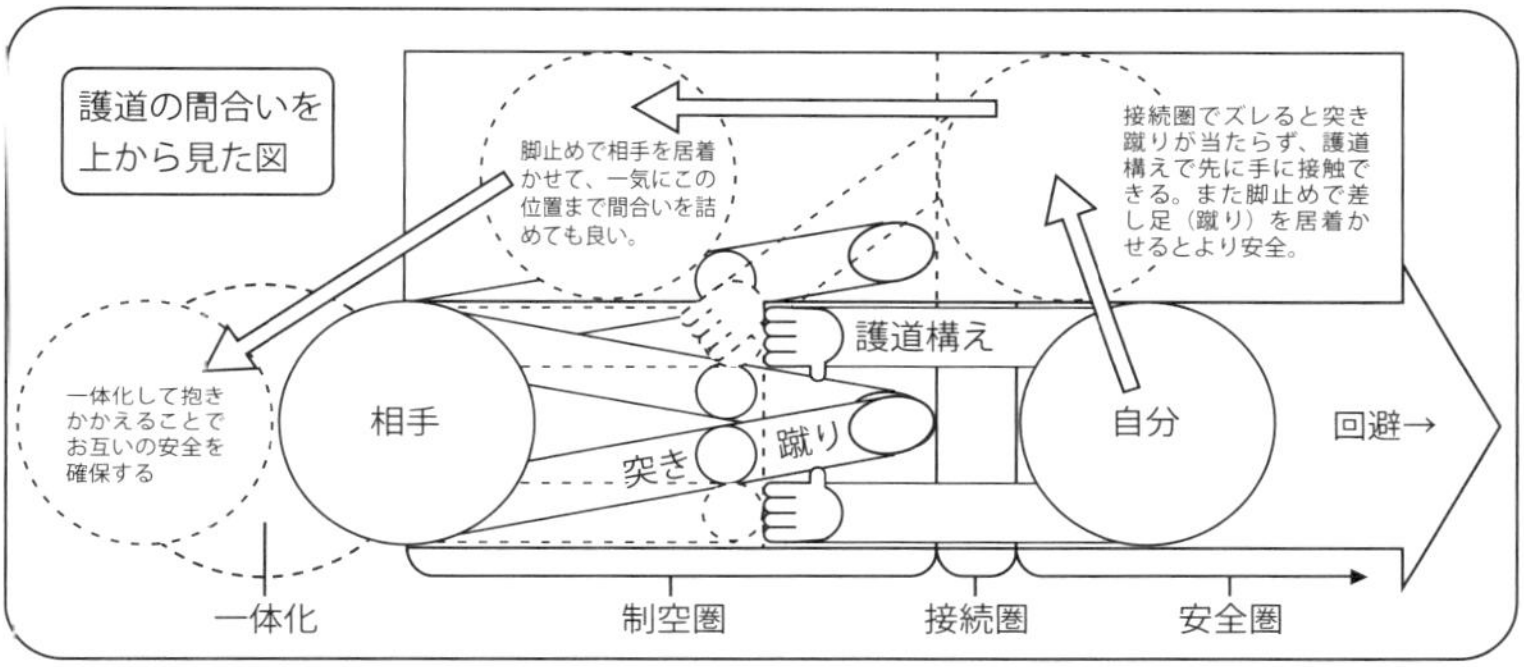

その動作の分のタイムラグが生じます。

ですから、中段直蹴りが届かない距離からのワンアクションで、どの位置に入るか？がとても重要になります。蹴り技の有効範囲とその後の様々な攻撃の変化を考えると一番良いのは攻撃が届く制空圏に入らずにいることです。

しかし、その距離を取れない場合は先に「脚止め」で間合いを詰め、正面からズレて同時に護道構えで手による攻撃を防ぎます。

この先制防御の動きは第一局面の全てに共通しており、さらに意識操作も踏まえて行います。

自身と相手の肩や腰の四点が結ばれていると考えて、その四角いボックスの空間の状態が狭まるイメージをすることで、相手にこちらを認識させて動き出します。これを「四点結び」といいます。戦闘機でたとえるなら、相手に標的として位置をロックオンさせるということです。そして、相手に位置をロックオ

先制防御からの引き込み

❶先制防御で間合いを詰めて手に触れるまでの動作は共通。差し手が奥手よりも下にあるため、「重ね抑え」に移行するのは難しい体勢であり、さらに相手が前方へ押してきた場合、❷差し手を奥手の下に送りながら、❸差し手を掴んでいた手（写真では右手）を瞬間的に離して相手の奥手の肘上を掴んで、❹右脇側に相手を引き込みながら、右足を引いて左足を前に出してスイッチして相手の右側面に移動。❺背面に廻り込んで「腰抑え諸手封じ」で誘導。❻座位にて一体化して落ち着くように促す。

先制防御からの小手三角

❶「腕抑え」までの流れは共通だが、差し手が奥手の下にあり、さらに相手の重心が奥足にある場合。❷腕を掴んだまま相手の差し手と自身の腕（右手）で相手の奥手の拳（相手の右拳）を挟み込むようにしながらロック。❸奥手を掴んでいた手（左手）を離して相手の肘を抑えつつ、側面へと間合いを詰めていく。❹そのまま背面へと廻り込み、「重ね抑え背面封じ」。❺～❻膝で仙骨を押して座位へ誘導して一体化したまま、落ち着くように促す。

先制防御からの袖潜り

❶「腕抑え」までの流れは共通。抑えた際の腕の形が、差し手が相手の親指側を上から掴んでいた場合。❷相手の上腕を回内させながら肘を上に立てて肩の軸を固定するイメージで一体化する。❸〜❹自分の中心軸は立てたまま、相手の脇の下を潜る。❺〜❻側面から背面に廻り込む。❼誘導して座位で一体化。

ンさせた状態で、こちらがその位置からズレると、動き出した（実際には動いてなくても意識して動くまでの間の）相手は途中で軌道修正することができず、脳内で一瞬、軽いパニック状態となり、思考に空白時間が生まれます。その意識と動きが居着いている間に距離を詰めてしまうということです。

間合いを詰めて「腕封じ」の形になった後は、相手の体勢によって臨機応変に「腕封じ」を使い分けて誘導します。また、「腕封じ」の方法は「重ね抑え」以外にも、腕を引き込んで背面に廻り込む「引き込み」、相手の腕を使って小手を封じる「小手三角」、相手の脇の下から背面に廻り込む「袖潜り」など様々なバリエーションがあります。

自他護身 Episode 2
腕試しの武術家

最近は護道が認知されるようになったことでなくなったのですが、以前は道場での指導や各地でセミナーを行っていると腕試しのような感覚で近づいてくる方がおられました。護道は自他護身の理念を持つ「戦わない武道」ですので、そうした挑戦的な人はお断りしています。しかし、半ば強引に相手が仕掛けてくるケースもありました。

ある武道大会に招待された際に初対面の武術家の先生が「護道構えをとってもらえますか?」と言われたので、よくわからないまま形だけ構えてみせると至近距離の斜めの位置から手を抑えつつ、威嚇するように突きの寸止めをする動作を見せて、「その構えだと突きがあたりますよね!」と得意顔で言われました。「いやいや、今は近くで説明をしている状態でしたし、そもそも、この構えは近づいてくる前に戦わない意思表示を伝えるためのものですから……」というも納得いかない様子。そして、距離をとって構えられたので仕方なく、護道構えをとると、顔面を目掛けて拳を突きあげるようにしながら飛び込んでこられました。

しかし、攻撃が到達する前に歩法でズレると、相手の拳は届くことなく護道構えで先に封じる形になり、そのまま勢いよくバランスを崩されたので頭を打たないように抱きかかえながら一緒にしゃがんで一体化で動きを封じると、呆気に取られていました。その後は納得されて、和解しました。

他にもセミナーでの技の検証の際に、検証する前から技に掛からないことだけに集中している参加者が武道関係者に限らず、学校教員や介護士でも時々おられました。

技に掛からないことだけに意識をフォーカスした時点で「こちらに対する攻撃心を失わせ

腕試しに対する対応

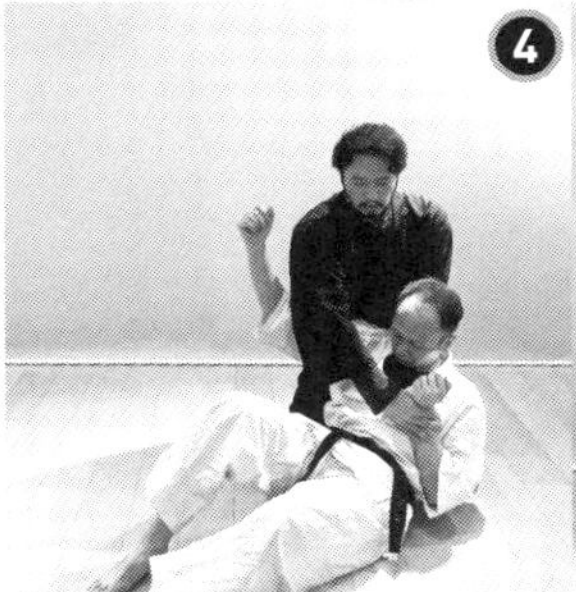

❶距離をとって構えてくる相手に対して、❷接続圏の段階でズレて先に相手の腕に触れる。相手は目標を見失い、固まってしまう。❸触れたところから一体化しているため、動きを封じられた相手は自身の飛び込んできた推進力のために回転してバランスを崩す。❹怪我をしないようにサポートしながら相手を抱きかかえて動きを封じると、理解を得られたようで納得されていた。

る」という自他護身の目的を果たしているので、そうしたときはスルーしていました。ただ、こうした対立思考で考えてしまう人はおそらく格闘技や競技武道による勝敗や優劣を基準に考えているからでしょう。

護道は「相手に勝つ武道」でも「相手に負けない武道」でもなく、「戦わない武道」です。そのため勝敗や優劣の意識とは、そもそものステージが違います。まず護身としては危険な間合いには入らないことを徹底します。もし間合いが近づいてきたら（間合いに入る必要性があるときも）、ズレて、先に攻撃武器を封じていくことで最大限危険度を下げていきます。だから、本体（相手の身体）を狙う先制攻撃や防御してからの反撃もカウンター攻撃もありません。あくまでも危険度を下げていく「先制防御」が主体の戦略なのです。

こうしたエピソードも参考にして頂きながら、「自他護身」の理念から生まれた「先制防御」や護道の技術体系の理解を深めて頂ければ幸いです。

突進してきた際の対応

福祉現場では、離れた間合いから突進してくるケースがよくありました。

こちら（支援者）に向かって突進してくることもあれば、他の利用者へ向かっていくことや出口のある扉に向かって走っていくこともありました。

この際、単なる護身術であれば躱すことや逃げることもできるのですが、自分が逃げることで第三者へ向かって行くことや、扉から外へ飛び出して事故や行方不明など危険に繋がる可能性がある場合は、動きを誘導する必要性があります。

まず、こちらへ向かってきた場合、相手の力が強いと吹き飛ばされてしまいますので、護道構えをとり、相手の肩に触れて一体化して抑えてから、力を往《い》なすように正面からズレます。その流れのまま、側面から相手を包み込み、方向転換をして落ち着くように促しながら誘導していきます。

第三者や扉などに向かって突進している場合は、側面から護道構えの腕を差し入れるようにしながら手首を返して相手を包み込むようにして前進していくことで相手の突進力を弱めます。そのまま相手の推進力を利用して巻き込まれながら背面に廻り込み抱きかかえます。

どちらの技術にも共通しているのは、相手の力のベクトルに別のベクトルを加えることでベクトルを合成させて誘導していくことです。

また、このとき意識は受け身になってはいけません。相手を「受け入れよう」という心持ちでは反応が出遅れてしまう可能性があります。ですから、受け入れるのではなく、自分から「迎え入れる」という意識を持ち、離れている段階から相手と繋がっているとイメージしておきます。そのことで、タイミングも合うようになります。

突進から組み付いてくる場合

突進だけでなく、さらに組み付こうとしてきた場合、正対した状態で護道構えをとります。

❶正面から向かってきた場合、❷受け止めようとすると出遅れてしまい、相手の力が強いと吹き飛ばされてしまう。

正面から突進してきた場合

❸護道構えをとり、❹相手の肩に触れて一体化して抑えてから、力を往なすようように正面からズレる。❺その流れのまま、側面から相手を包み込み、❻〜❽方向転換をして落ち着くように促しながら誘導していく。

相手の両肘を抑えながら、腰を引いて正面から身体をズラします。腕を取って重ね抑えで相手の腕を封じます。そこから背面に廻り込んで相手の仙骨を膝または腰で押しながら座位に誘導して、抱きかかえて一体化します。

❶第三者や扉などに向かって突進している場合、❷側面から捕まえようとして向かっていくと出遅れて捉えきれない。

第三者や扉などに向かって突進してきた場合

❸

❹

❺

❻

❼

❸側面から相手の動きに気づいたら、❹まずは護道構えの腕を差し入れるようにしながら手首を返して相手に触れ、相手を包み込むようにして前進していくことで、相手の突進力を弱める。❺そのまま相手の推進力を利用して巻き込まれながら背面に廻り込み抱きかかえる。❻〜❼相手の力に逆らわずに方向転換して第三者や扉などのターゲットから離れるように誘導していく。

突進から組み付いてくる場合

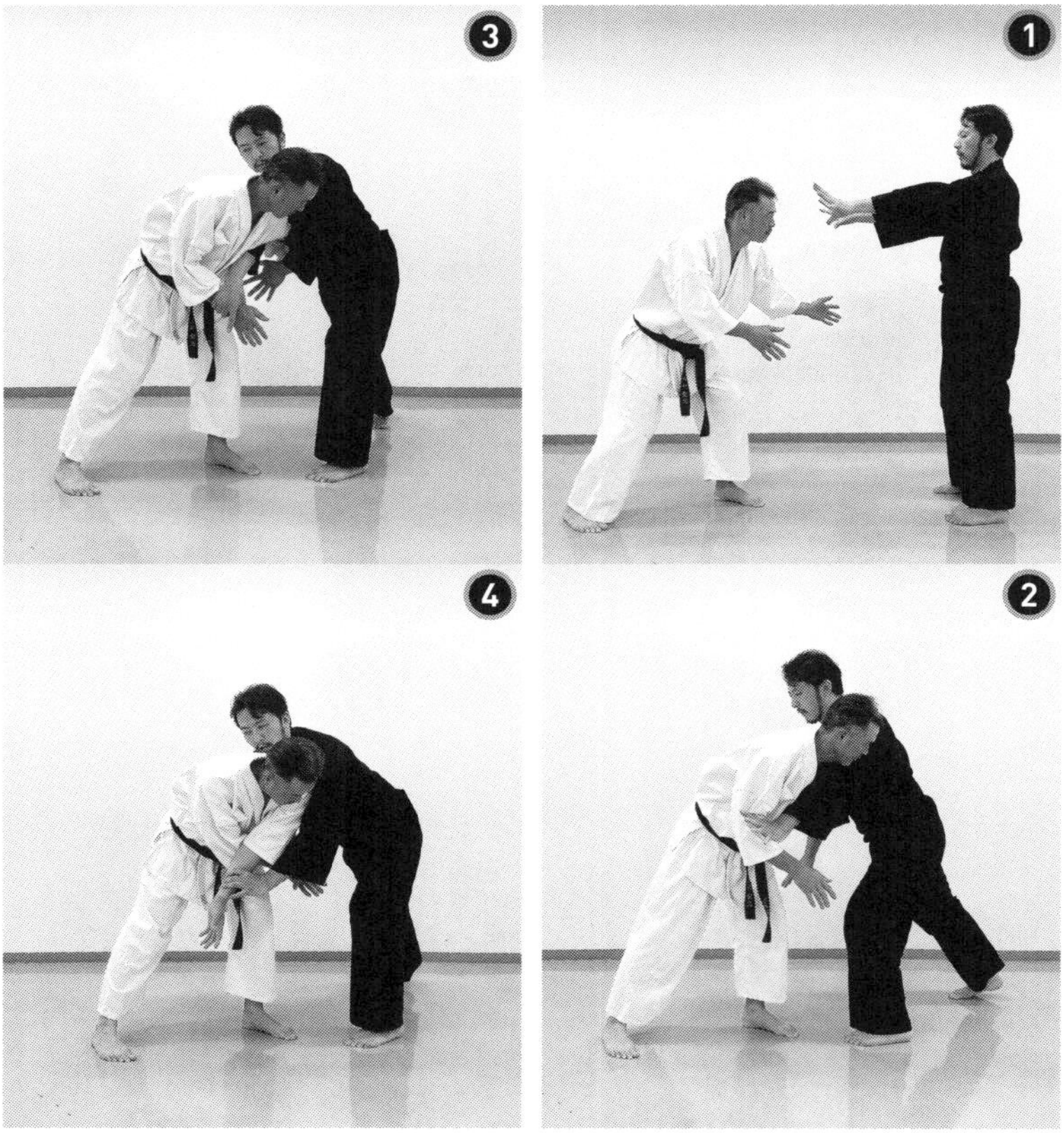

❶正対した状態で護道構え。❷相手の両肘を抑えながら、腰を引いて正面から身体をズラす。❸ズレたほうの腕で相手の腕を巻き取るように脇に抱えながら、反対の相手の腕を掴み、その腕の肘を抑えていた手を離す。❹空いた手で脇に挟んでいる相手の腕を掴んで「小手送り」から「重ね抑え」。

❺

❻

❼

❽

❺背面に廻り、背面からの重ね抑えで相手の腕を封じる。❻そこから背面に廻り込んで相手の仙骨を膝または腰で押しながら、❼座位に誘導して、❽抱きかかえて一体化する。

自他護身 Episode 3

反抗的な中学生とのぶつかり稽古

軽度の発達障害のある子どもたちの学習のサポートとしてSST（ソーシャルスキルトレーニング）を取り入れた支援塾でボランティアをしていたときに、中学生の男子が授業に集中できない様子で席に座らず、立ち歩いていました。塾の先生が参加を促すと暴言を吐き、ときには机を蹴ったりして威嚇していました。

あるとき彼が帰り際に「廣木さん、相撲やろうや！」と言いだしたので「ええよ」と承諾しました。彼は私の肩を強く押してきましたが、「一体化」して力を封じるとムキになって蹴ってきたので、頭を打たないように気をつけながら体捌きで転がしました。すぐに起き上がって向かってきましたが、同じように何度も転がしていると彼は興奮しすぎて鼻血を出しました。しかし、彼は母親が迎えに来ても相撲をやめようとしなかったので、二人で汗だくになっていました。

塾の先生は「○○くん、廣木さん、もう今日はお終いにしましょう！」と言われていましたが、彼の母親は何も言わず、見守っていましたので、私も向かってくる限りは転がし続けました。そして、最後は力尽き、彼は悔し涙を流しながら母親の車に乗って帰っていきました。

塾の先生はドン引きしており、私は注意をされましたが、彼は次に塾で会うなり「今日も終わったら相撲な！」と私にいうと、それ以降は座って授業を受けるようになりました。そして、授業が終わると相撲をしていましたが、母親が迎えにくると素直に帰りました。また徐々に相撲のルールを守るようになり、暴言も減っていきました。

彼が落ち着きだした頃、お迎えにきた母親からお礼を言われました。母親が言うには、彼には弟がいるのですが、父親は彼に発達障害があるとわかると勉強ができる弟だけを可愛がり、兄である彼には関心を持たなくなってしまったそうです。それで母親は彼の学習のサポートをしてくれる人を探して塾に通わせていたそうですが、私とのやり取りを観ていて「今、息子が必要としていたものは思いっきりぶつかっても受け止めてくれる相手だったんだなって気付きました……」といいながら涙を流されていました。

他の動物でも成長の過程において親子兄弟や仲間とじゃれ合いながら育っていくように、エネルギーが有り余っている成長期には身体を使って発散することも必要です。改めて触れ合うことの大切さを彼との関わり合いを通じて学ばせて頂いた経験でした。

第4章
実用法・第二局面
接触した間合いの対応

腕の掴まれ方

実用法の第二局面は接触できる間合いでの対応となっています。その中で一番多い腕を掴まれた場合の対応を紹介します。

腕を掴まれた場合といっても様々な掴み方（掴まれ方）があります。まず、その掴み方の基本的なバリエーションを理解しましょう（66〜67頁写真）。

腕を掴まれた際の対応

さて、腕を掴まれた際の護身術としては、掴まれた手を振りほどいて離脱する方法や、相手の掴んできた腕の関節を極めて抑え込む技、さらに投げ崩したりする技まで沢山あります。護道では自他護身を基準としているため、既存の護身術の用法とは少し違った対応になります。

護道では、いきなりは手を振りほどくことはしません。それには2つの理由があり、一つは手を振りほどいた後に自由になった手で殴られるなどのリスク対策のためであり、もう一つは支援現場での対応の場合、対象者を放置できないため、通常の護身術のように、そのまま逃げることができないケースがあるためです。

また関節技を極めた状態での制圧技も使用しません。なぜならば対象者が抵抗した場合、関節が外れて痛めたり大怪我をさせてしまうかもしれないからです。さらに、相手が強度行動障害のある方の場合、腕の骨が外れても抵抗してくる可能性も想定しなければならず、どちらにしても支援現場では虐待行為となる上に、その後の対象者との信頼関係も失われるため、使えません。

では、どうするのか?ということですが、本来は先制防御なので、掴んできた相手の手を先に掴むことが一番の理想です。

ですが、どうしても掴まれてしまった場合は、護道構えの術理に繋がるシンプルな動作で対応します。

共通点を理解する

様々な掴み方(掴まれ方)がありますが、ポイントは掴んでいる相手の手首を折り曲げるような形にすれば、相手は力を発揮しにくくなります。そのために自分の肘の位置を下げたり、

様々な掴み方（掴まれ方）

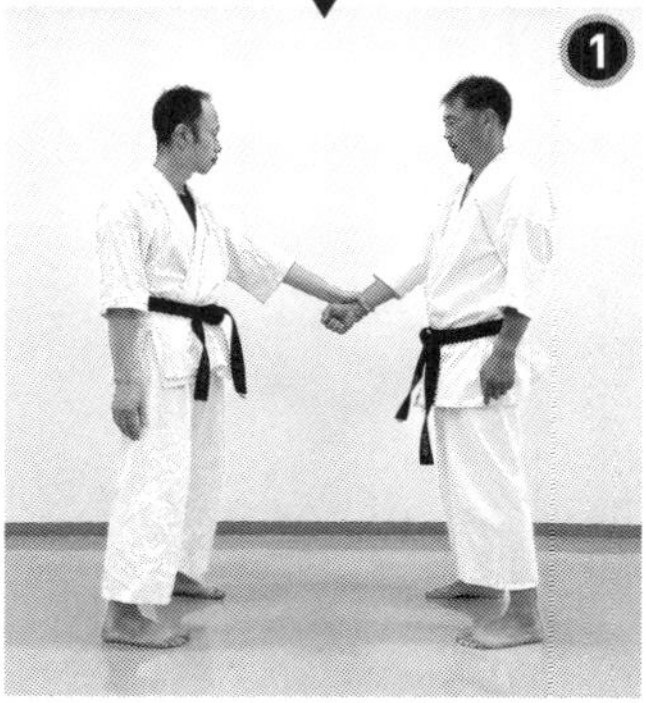

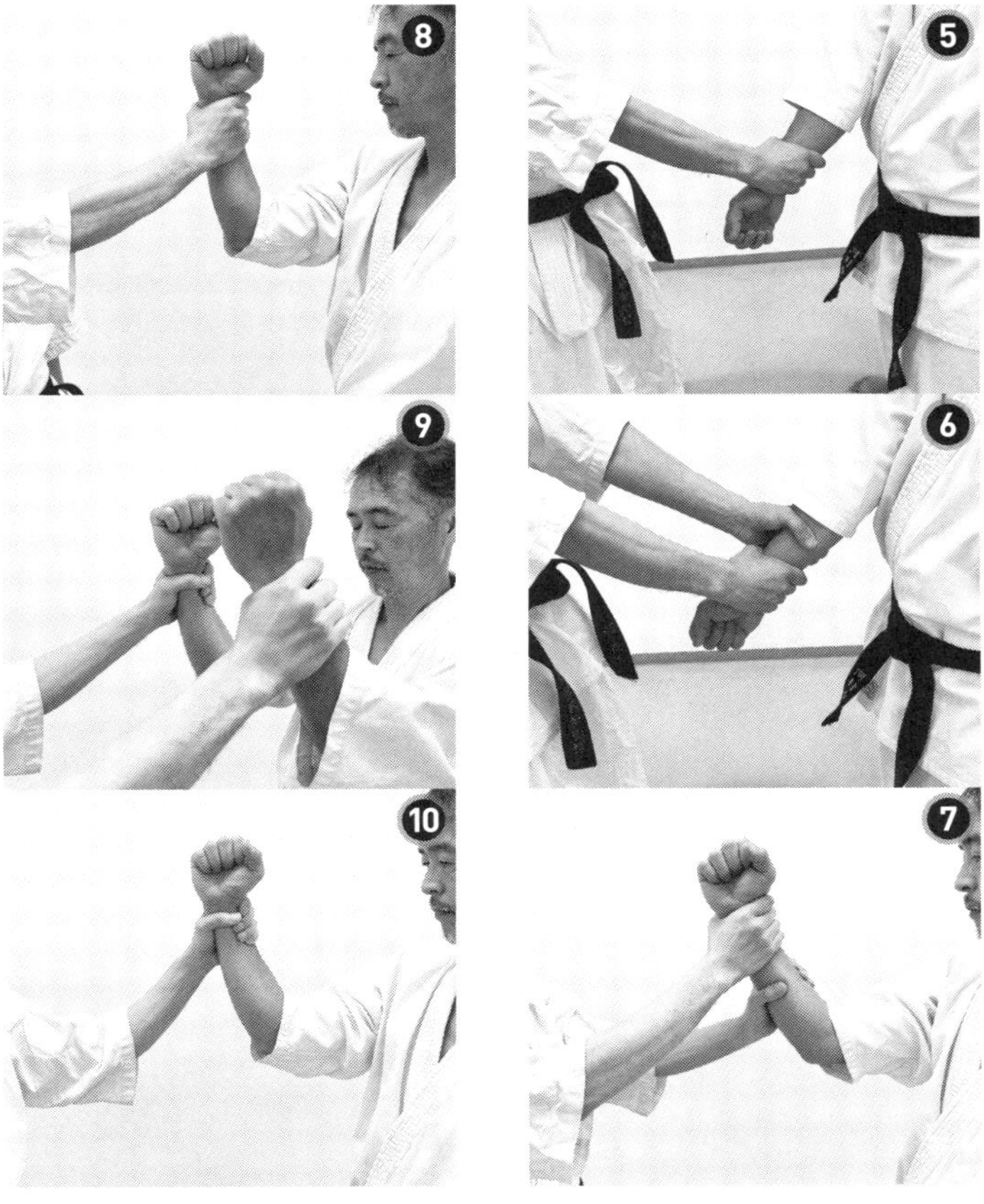

❶片手取り同側・表。掴み方には側面と背面もあるが、向き直ると同じ形になるため、対応も同じ。※交差や諸手でも側面と背面は同じため、以下省略。また、表は向かい合い、腕を降ろした状態で掴まれた場合、裏は腕を上げた状態で掴まれた場合を意味する。❷両手取り・表、❸並列取り・表（裏もある）、❹両手取り・背面、❺片手取り交差・表、❻諸手取り・表、❼諸手取り・裏、❽片手取り交差・裏、❾両手取り・裏、❿片手取り同側・裏。※❶〜❹までは肘を下げる動きが対応の共通点。❺〜❽は肘を押す動きが対応の共通点。❾〜❿は肘を上げて腕を倒して相手に向かって腕を伸ばす動きが共通している。手首（腕）の掴み方は側背面を入れると複数あり、複雑に思えるが、共通する対応の要点は３つになる。

掴まれた際の対抗の共通ポイント

❶掴まれた腕の肘を下げる。❷空いている手で相手の肘を押す。❸腕を倒してから相手に向かって伸ばす。ポイントとなる3つの動作は全て「護道構え」に通じている。仮に腕を掴まれている状態でもイメージでは「護道構え」をとっている意識で行うことが重要。

掴み方によっては手のひらを下に向けるように腕を倒します。また、片手が空いている場合は相手の肘に触れてコントロールするという3つの動作に集約されます。

さらに、その動作も全て「護道構え」に繋がっています。護道構えに繋がる動きから「腕封じ」の技術を使って相手を固定し、側面や背面に廻って抱きかかえつつ誘導して、落ち着くように促すまでが実用法・第二局面での一連の技の流れになっています。

様々な腕の掴み方への対応

両手を掴まれた際の対応は、錬成法の動きの中にある護道構えをとる動作で、相手の力を分散しながら「重ね抑え」で廻り込み、座位へ誘導して、抱きかかえて落ち着くように促します。

向かい合った相手に片手を下げた状態で同側の手で掴まれた（右手を左手で掴まれる、または左手を右手で掴まれる）場合は掴まれた手を開き、ややしゃがみながら肘を下げて、相手の親指側に手を立てる形をとることで、相手に引っ張られないようにしながら、同時に掴まれていないほうの腕は護道構えをとり、相手が反対の手で殴ってくるのを防ぎます。殴りかかってきた場合は掴んでいる手に対する意識が途切れて力が弛んでいるため、掴まれた状態のまま、腕を動かして「引き込み」で背面に廻り込み、座位へと誘導します。

片手を下げた状態で交差の手で掴まれた（左手を左手で掴まれる、または右手を右手で掴まれる）場合は、少ししゃがみつつ、肘を下げながら、相手の小指側に手を立てる形にします。そして、掴んでいる相手の腕の肘を反対の手で抑えます。相手が反転して、裏拳打ち（バック

両手を掴まれた場合

❶両手を掴まれた状態から、❷〜❸体の前で両手を合わせつつ、肘と膝を折り曲げてベクトルを変えることで腕を胸前に上げる。❹腕を伸ばして護道構え。❺手首を返しながら相手の腕を取り、❻「重ね抑え」で動きを封じる。この後は第一局面の重ね抑えからの流れと同じになる。

片手を掴んで殴ってきた場合

❶片手を同側（向かい合ったときに正対する腕）で掴まれた場合、❷肘と膝を下げることで引っ張られないようにしながら、反対の腕で殴られないように構えをとって、殴ってきた腕を捉える。❸相手は意識が分散しており、掴んでいる腕の力が抜けるので、腕を掴ませたまま殴ってきた腕の肘下を掴み、❹〜❺「引き込み」で背面に廻り込んで封じる。その後の対応は他の実用法と同じ。

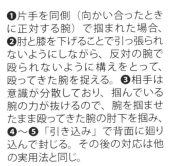

片手を掴んで引っ張ろうとしてきた場合

❶片手を交差（正対した際に交差する形になる腕・同じ腕同士）で掴まれた場合、❷肘と膝を下げて引っ張られないようにして、❸空いている腕で相手の肘を押す。❹相手が反転した際に裏拳（バックブロー）が飛んでこないように肩を抑える。❺背面で動きを封じる。その後の流れは他の実用法と同じ。

両腕を掴まれた場合

❶腕を立てた状態で両手を掴まれた場合、❷相手の親指側へ向けて手のひらが下向きになるように腕を倒しながら前に伸ばしていく。❸相手の差し足（前に出ている足）側の脇の下を上体を立てたまま潜り、❹背面に廻り込み、封じる。その後の流れは他の実用法と同じ。

ブロー）をしてきたら護道構えの要領で肩を抑えてから背面で両腕を纏めて「諸手封じ」。その後、仙骨を押して座位へと誘導します。この対応は諸手で掴まれた際の技術とも共通しています。

また腕を曲げて上げている状態で両手を掴まれた場合は、掴まれている状態のまま、肘を上げて、手のひらが下を向くように捻りながら倒します。そのまま、相手の差し足（前に出ている足）側の掴まれている腕を相手の脇の下へ差し入れるようにして肘を押し上げてから、上体を立てたまま頭を沈めて脇の下を潜り、背面に廻り込みます。

攻撃技が存在しない世界で唯一の自他護身術

支援現場では、よく腕を引っ張られることがありました。それは自分の意思を言語で伝えるのが難しいため、直接、手を引いて意図を伝えようとするクレーン行動が含まれている場合もあります。しかし掴んで引っ張るだけでなく、掴んだ後で腕に噛みつくことや引っ掻くなどの他傷行為に繋がるケースもありました。対象者の行動に対しては意図を汲み取っていくことが大切ですが、本人や第三者が危険にさらされるなど緊急性を要するときは、お互いに傷つかないようにケースバイケースで対応する必要性があります。

そのため個別にカスタマイズした対応方法を指導させて頂いています。例えば、引っ張られないことだけがクリアできればよいケースでは、肘を下げてしゃがみこんで対象者が落ち着くまで待つ対応を行っていたこともあります。そして、対象者の「身心の発信」を分析しつつ、予防策に繋げていき、適正な行動を伝達することで、最終的に力任せに引っ張る行動を起こさずに気持ちを伝えることができるようになったケースがありました。

この辺りが、技を使って相手に多少ダメージを与えても回避さえできれば良い護身術との違いといえるでしょう。言い換えれば、護道は反撃や制圧を含む攻撃技が存在しない世界で唯一の自他護身術なのです。

護道構えに繋がるワンアクションで対応する

様々な技を使おうとすると実際の場面では対応が間に合わなくなります。腕を掴まれた際の対応の動きだけを見ていると複雑に感じるかもしれませんが、どの動きも共通するポイントは3つしかありません。

護道構えに繋がるワンアクションで対応する

❶掴まれていても「護道構え」をとっているつもりで、接触点を通じて相手の腕と繋がっているイメージを持つことで「一体化」する。❷突然、相手が手を離して攻撃を変化させてきても、そのまま「護道構え」で封じることができる。❸〜❹手首ではなく腕を掴まれた場合も対応は同じ。稽古を通じて、どのように掴まれても「護道構え」の形までワンアクションでとれるように修練する。

掴まれた腕の肘を下げる、手が空いていたら相手の肘を押す、腕を立てた状態で掴まれたら手のひらを伏せてから腕を伸ばすということです。そして、これら一連の動きは最終的に全て「護道構え」に繋がっていることはご理解頂けたと思います。

さらに掴んでいた腕を離して殴ってくるなど、違う動きに変化する可能性もあり、様々な攻撃に対して別々の対応を稽古していると変化に間に合いません。しかし、常に延長線上に護道構えの意識があれば変化に対応することができるようになります。「掴まれても護道構えをとっていく」意識を持ちワンアクションで対応できるように稽古していくことが大切です。

自他護身 Episode 4

BARでの手解き

それは年末に忘年会を行った後、大阪ミナミのスナック街を道場生数名と駅へ向かっていたときのこと。「先生～！　あそこで喧嘩しています！」と女性の道場生が言い出しました。

道場生が指差すほうを見ると、ヒールを履いた40代ぐらいの女性が50歳ぐらいのガッチリした体格の男性にしがみ付きながら必死で抑えている状態でした。

単なる男女のイザコザなら警察に連絡して済ませようと思っていたのですが、女性がパッと振り返って私を見るなり、「助けてください～！　止めてください～！」叫び出しました。男性は「あの野郎っ！　絶対に許さん！」と言いながら、地下のＢＡＲに繋がる階段へ向かおうとしていました。

その階段の前には、バーテンらしき人が困惑した表情で、「まぁまぁ、落ち着いてください！」となだめていました。

女性は泣きながら、「私が悪いねん～！　だからやめて～！」と叫んでいましたが、男性は体をひねりながら、力任せに女性を振り払いました。

「ドサッ‼」という音と共に女性は勢いよく路上で転倒。

倒れた女性に駆け寄って「大丈夫ですか？」と声をかけていると、男性はバーテンを押しのけて階段を駆け下りていきました。

女性は私の腕を掴みながら、「助けてください！　止めてください！　お願いします！」と泣きながら懇願するので、もはや「演歌調の三文芝居のような展開だな…」と思いながらも、道場生たちに先に帰るように手で合図を送り、男性を追いかけて階段を下りてＢＡＲへ向かいました。

ＢＡＲに中に入ると、先に追いかけていたバーテンが男性を後ろから羽交い締めしていて、小柄な女性店員が前から両手で男性の胸を押し返しながら必死で止めていました。男性は抑えられながらも、「おい！コラ！　この野郎〜！　殺したる〜！」と叫んでおり、その視線の先には、カウンターで顔を伏せて酔い潰れて座っている男性がいました。

その様子に店内にいる他の客は固まっている状態でした。

バーテンと小柄な女性店員ではガッチリした体格の男性を止めきることができず、２名とも振り払われてしまい、カウンターのほうへ進んでいこうとしたので、仕方なく護道構えで男性の腕に手を添えながら、一体化して動きを止めました。

すると男性は拳を握りしめ、私を殴って振り払おうとしましたが、一体化したまま「手解き」の鍛錬の要領でしばらく攻撃を封じ続けると、殴ることも動くこともできないため、驚いた顔をしていました。

さらに一体化の状態から呼吸を合わせて無力化していくと、興奮していた男性の眼からスーっと戦意が消えたのを感じたので、「いや〜、ホントいろいろありますよね〜」と声をかけると動きを止めて黙って私を見ていました。

その間に、外で泣きながら止めていた女性がＢＡＲに駆け込んできて、「私が悪いねん！

ごめんなさい！　ごめんなさい！」と繰り返し謝っていました。

そこで独り言のように、「あ〜、こんなことで警察に通報されたら面倒なことになりそうやなぁ…」と呟くと男性は「あの野郎は、どうしても許せんのや！」と言い出し、相手への不満を吐き出されていました。

その言葉に対して否定せずに、「なるほど〜、そうなんですね〜」と相槌を返しながら、さり気なく、正面から横に移動して、男性の仙骨に手を添えながら、寄り添うように扉のほうへ誘導していくと、そのままスーッと階段を上がって外に連れ出すことができました。

男性は外に出ても「アイツは許せん！」と言っていましたが、触れている私の手には反発する力（意思）は感じませんでした。

「先輩、もうやめときませんか？　先輩が相手にするだけの価値がある男とは思えませんけど…」というと男性は私のほうを見て、「おぉ、兄ちゃん、悪かったな、もう大丈夫や！」と言われたので、「いや、よかったです、助かります」と答えて頭を下げました。

落ち着かれた様子を確認してから、その場を離れようとすると、後方でバーテンの男性が深々とお辞儀をされていました。

そして、道場生たちも、ずっと様子を見ながら待ってくれていました。

「先に帰ってもらってよかったのに…」と道場生に謝ると、「いえいえ、こちらこそ、足手まといになってはいけないと考えているうちに解決されてしまい…何もできず、すみません」と逆に謝られてしまいました。また「自他護身の実践を見ることができて感動しました！」と言われたので、「こういうときは私ではなく、すぐに警察を呼ぶように！」と指導しておきました。

第5章

支援現場での様々な噛みつきへの対応

噛みつきへの対応

自傷（自分を傷つける）や他傷（他人や物を傷つける）など激しいパニック行為を行ってしまう強度行動障害のある方への対応の際に、パニックを起こしている当事者も関わる家族や支援者も共に護るために「自他護身」の概念が生まれ、対応技術を研究してきたわけですが、その現場で、数多く相談を受けることの一つに「噛みつき」への対応があります。

噛みつきといっても、腕を掴まれてから噛まれる、密着して噛まれる、飛び掛かってきて噛まれる、自分自身を噛むなど多様なケースがあり、また噛む場所も当事者によって様々です。有効な対策がなされていない現場では支援者が手探りで対応しているため、無抵抗のまま噛みつかれて怪我をしたり、または、逆に支援者が力任せに抑えつけて怪我をさせていることもありました。

支援者に武道経験があっても、そもそも多くの競技武道や格闘技では、噛みつきに対する防御を想定していないこともあり、そのことで不用意に組技や寝技で密着して噛みつかれてしまうケースもありました。

噛みつきがルールで禁止事項であることはスポーツ競技としては当然のことですが、噛みつきへの対策がないということは、それまでの技術はそのまま使用できないことを意味していま す。相手の顔（口）の前に身体が密着、または近距離にある技術は噛みつかれるため使えなく なります。

さらに支援の現場では、単に回避できたら良いわけではなく、相手も傷つけず収める必要が あるので、護道における一体化の技術は必須となります。

腕を掴んで噛みついてきた場合の対応

個人的な体験としても支援者から相談を受けたケースの中でも、最も多いのが、両腕で片腕 を掴まれて噛まれそうになるケースでした。

本来は第一局面の対応のように掴まれる前に「先制防御」で先に封じることが理想です。

しかし、様々な対応が求められる支援の現場では、他のことに気を取られている際に掴まれ て噛まれてしまうこともあります。そのため、掴まれた時点ですぐに対応して回避する必要が あります。

腕を掴んで噛みついてきた場合

❶腕を曲げた状態に対して、相手が両手で片腕を掴んできたら、❷膝を軽く曲げて肘を落とす。❸捕まれていない手で相手の肘に触れながら、触れた相手の腕の延長線にある肩先が回転していくとイメージしながら一体化して肘を押していく。❹〜❺相手の身体が回転したら背面で両腕を封じて仙骨を押しながら座位へと誘導する。❻座位で抱きかかえて一体化して落ち着くように促す。

座位の状態で横から掴んで噛みついてきた事例

実際の支援現場での噛みつき対応は立位の状態だけではありません。

あるとき、障がいのある方々とのボランティア旅行に参加したことがありました。その旅行に噛みつき行動が収まらない小学6年生の身体の大きな男の子が参加されていました。お母さんも参加されていましたが、旅行中は私が担当させて頂くことになりました。

大半は落ち着いているのですが、苦手な音が聞こえたりすると、傍にいる私の腕を噛もうとしてきましたので、その都度、技を使って噛まれない（噛ませない）ようにしながら落ち着くように促していました。

旅行は1泊2日でしたが、噛みつく行動はバスに乗っている際もありました。バスでは並んで座っていたのですが、私の腕を掴んで持ち挙げて噛みつこうとしました。座位の状態では、しゃがんで肘を下げることができないため、空いている手で頭に触れて、首の左右軸が後方へ向かって回転して止まっているイメージをしながら一体化して動きを封じて対応しました。

そして、帰りのバスでは口頭のやり取りで噛むのをやめてくれるようになり、一緒に参加されていたお母さんが驚かれていました。

座位の状態で横から掴んで噛みついてきた場合

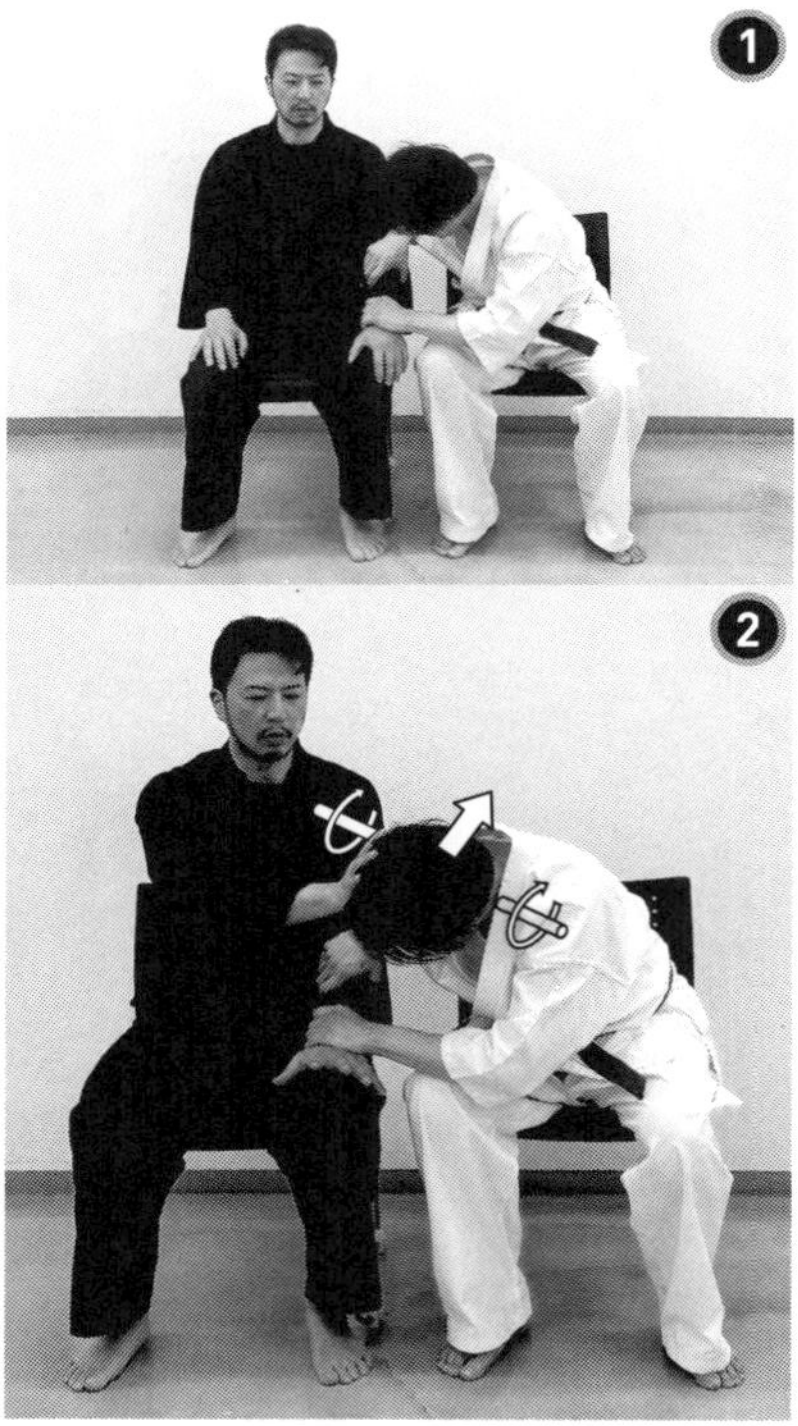

❶バスの座席にて隣り合わせで乗車中に、腕を掴んで噛もうとしてきた場合。❷すぐに護道構えのイメージで相手の頭部へ斜め前方から触れる。触れた手で頭を横向きに押して遠ざけようとするのではなく、相手の首を左右に通る軸が後ろ向きに回転するとイメージすることで一体化して、頭を近づけて腕を噛めないようにする。同時に腕を引き上げられないように手のひらを張り、肘を下に沈めるようにしつつ、上体を伸ばして強い力が発揮できる姿勢をキープして落ち着くように促す。止めている間や手を離した後も気を抜かずに行動の変化に備える。

机を越えて飛び掛かって噛みついてきた事例

福祉サービスの現場では、腕を掴んで噛みついてくるケースばかりではありませんでした。障がいのある子どもたちが通う放課後等デイサービスで働いていたときに、特別支援学校に通う中学2年生の男の子が机を隔てて向かい合わせで座っている状態から、跳び箱を飛ぶように机に手をついて勢いよく、口を開けて飛び掛かってくることがありました。この場合は距離があるため実用法では第一局面の対応になります。

その際は咄嗟に護道構えで肩を止めて一体化して噛みつきを防ぎました。そして、勢いがついていたので身体を机で打ちつけないように腕で抱えたまま、誘導しました。

ちなみに、パニックを起こす子どもたちはずっと暴れているわけではありません。パニック時の行動は当事者にとっては、何か伝えたいけど上手く言葉で表すことができない「身心からの発信」だったりします。

そのため、単に技を使って対応するだけではなく、その身心の発信を分析して、パニックを起こさずに済むように予防していくことも大切です。しかし、この男の子の支援では分析や予防を検討している間に、今度は両手で掴みかかってから噛みつく行動に変わりました。

ただパニックの行動が変わっても対応は同じように護道構えをとって肩や肘周辺を抑えながら一体化して誘導していました。また座席を正面からズラすことで距離をとるようにもしました。

そうした対応を繰り返す中で行動の兆しを察することができるようになり、その時点で護道構えをとって落ち着くように促すと、ストップのポーズ（護道構え）を見るだけで飛び掛かってくることはなくなりました。

机を隔てて飛び掛かって噛みついてきた場合

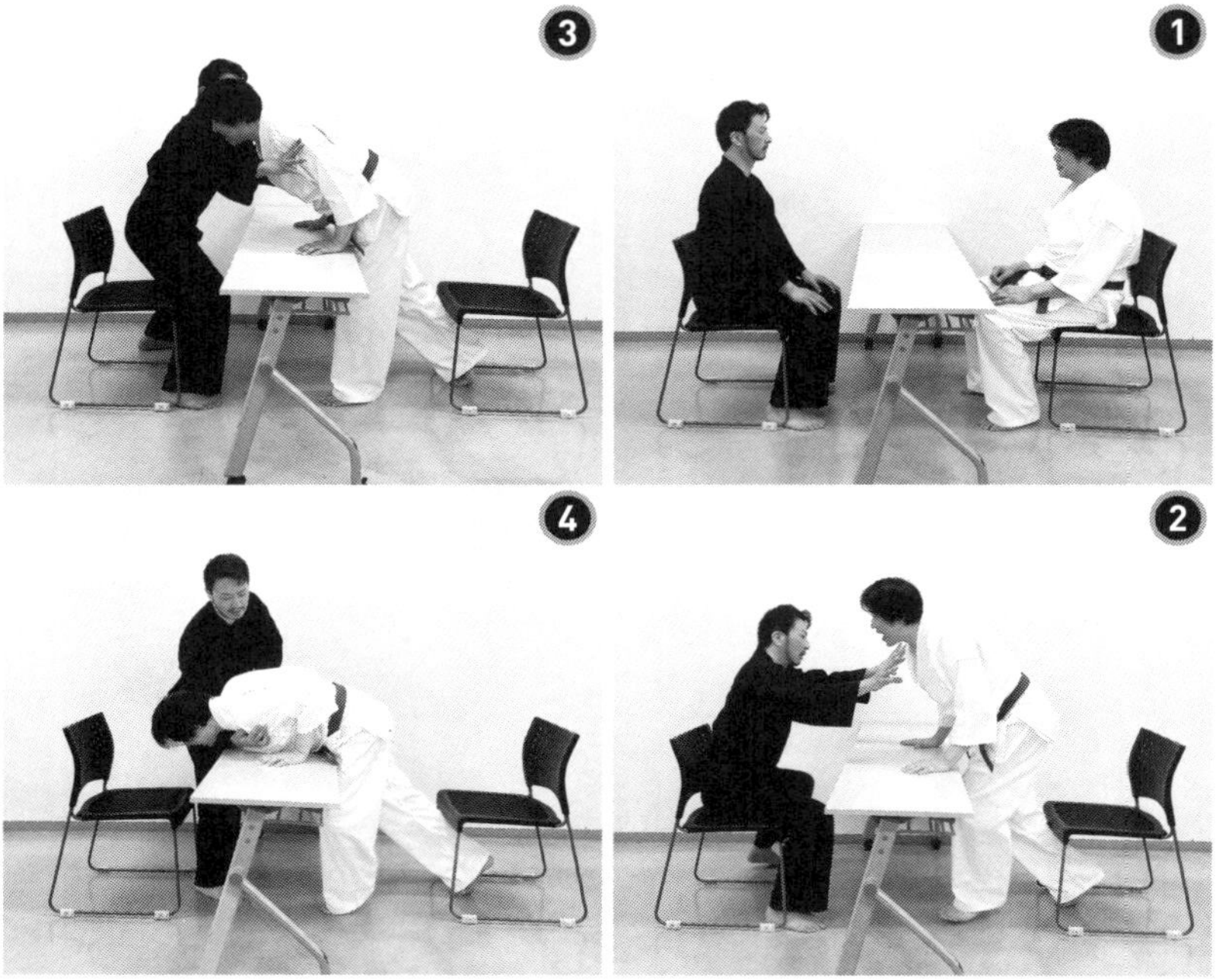

❶机で向かい合っている状態から、❷両手をついて飛び掛かって噛みついてくる前に相手の両肩に向けて護道構えをとって立ち上がる。❸肩に触れて受け止めつつ、腕を噛まれないように一体化しながら正面からズレる。❹頭から突っ込んでいるので怪我をしなように抱き留めたまま机の上へ誘導。その後、気持ちを切り替えるため、別室へ促した。

【机を隔てて掴みかかってきた場合】
❺顔から飛び掛かる行動から、殴り掛かったり、掴みかかってから噛みつこうとするようになったため、同じく護道構えをとり、先に肘に触れて肩の左右軸を後ろ向きに回転させるイメージを用いて一体化して動きを止める。❻その後、同じく落ち着くように場面を切り替えて対応。

❺
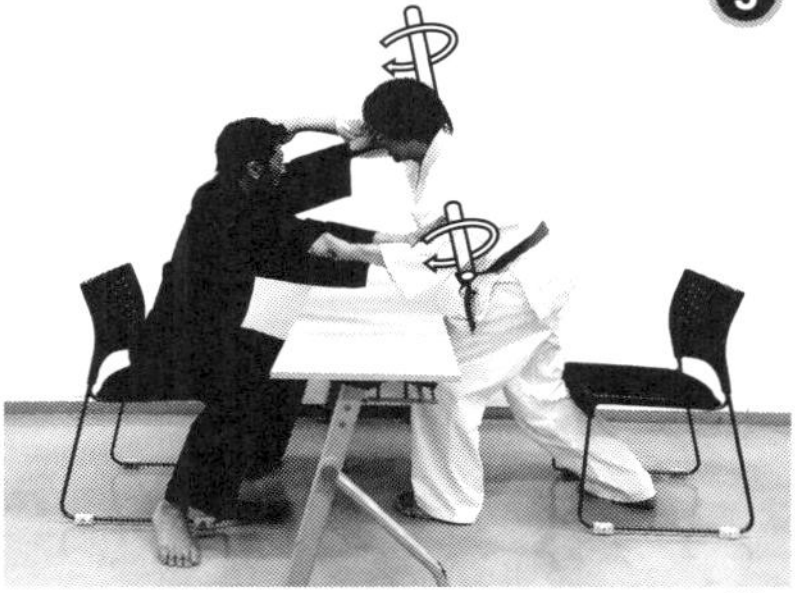

❻
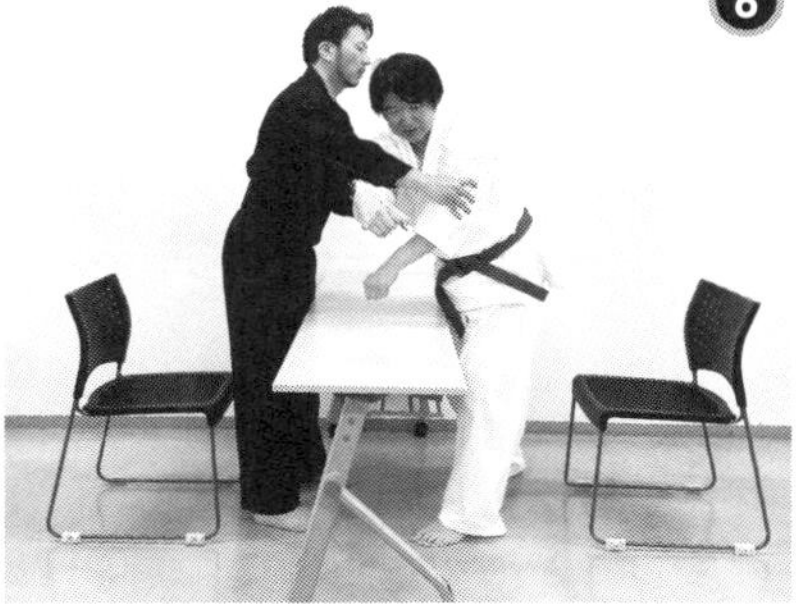

❼

【ポジショニングで対応】
❼さらに予め座席の位置を正面から斜めにズラすように対応。距離ができたことで対応にゆとりができ、不穏な状態を察知しやすくなり、先に護道構えをとると徐々に行動を起こす回数を減らすことができた。対応の繰り返しの中で本人も「やりたくない」と思いながらも行動を起こす衝動を止められずにいることを感じた。

しかし、「何故、飛び掛かって噛みつこうとしていたのか？」は解明できないままで、ご家庭や特別支援学校では噛みつき行為は続いているようでした。

その後、歳月が流れ、すっかり落ち着いた本人とお母さんにお会いすることがありました。そのとき、彼が以前のように耳を抑えていない様子を見て、噛むという行動は顎の運動であり、顎は耳と密接に繋がっているため、もしかしたら何らかの形で顎が育って聴覚過敏が改善したことで落ち着いたのではないかと感じました。

しゃがんだ状態から飛び掛かってきた事例

他にも陸上のクラウチングスタートのような状態から、突然飛び上がって掴みかかり、噛みついてくる学童保育に通う子どもの対応に悩んでいる児童支援員から依頼を受けて研修をしたことがありました。このケースも実用法の第一局面での対応になります。

そのときは対象の児童がしゃがんだ際は不用意に近づかず、まず護道構えをとって相手の肩の方向へ手のひらを向けておき、第一局面の際に説明した間合いをとることを伝えました。そして、正面からズレながら飛び掛かってきた相手の両腕に触れて一体化で動きを止めつつ、背

しゃがんだ状態から飛び掛かってきた場合

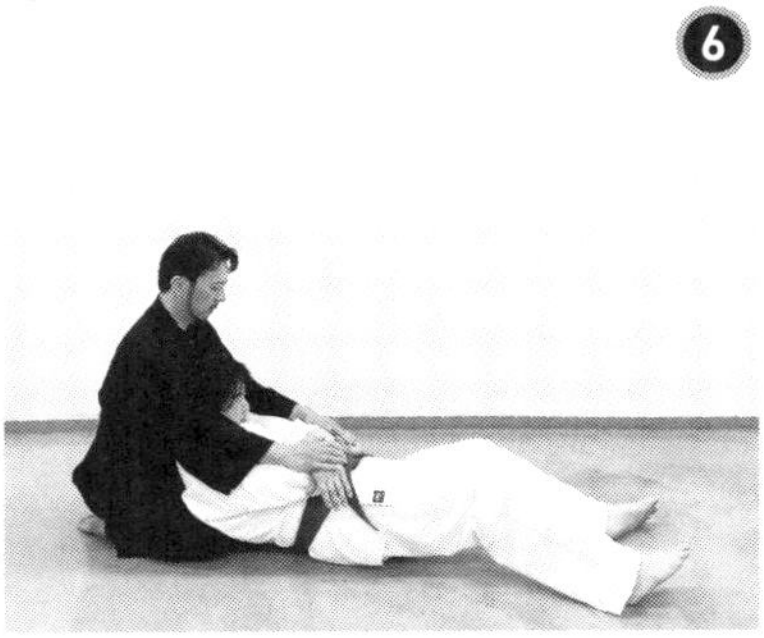

❶クラウチングスタートのようなポーズでしゃがみ込んでいる状態に対して、❷間合いを保ちながら護道構えをとり、相手の肩の位置に手のひらを向ける。相手が飛び掛かってくる前に正面からズレながら、❸両腕に触れて一体化して動きを止める。❹背面に廻り込んで仙骨を押して支えながら、❺〜❻座位に誘導して抱きかかえて落ち着くように促す。

面から座位へ誘導して抱きかかえて落ち着かせるまでの動きを職員全員に指導しました。

するとその後、児童が飛び掛かってこなくなり、技を使う機会がなかったと言われました。

児童の立場で考えてみたら、しゃがむ度に職員全員が構えて距離をとるので、さすがに対策を考えていることに感づいたのでしょう。

しかし、技を使わないで済むのがベストの対応ですから、それでよいのです。このように噛みついてくる理由がわからないまま、行動が改善することもありました。

愛そのものが力

あるとき、セミナーの参加者で身体の大きな息子の噛みつき行動に長年悩まれている母親に、対応技術を指導したことがありました。

セミナーを終えた後、参加者（母親）が自宅に帰って玄関を開けた瞬間に息子さんが噛みつこうとして飛び掛かってきて腕を掴まれたそうです。その瞬間に覚えたての技を無意識に使って回避して、気づいたら背面に廻り込んで抱きかかえており、「自分でもビックリした」と言われていました。不思議なことに、それを機に息子さんの噛みつきはなくなったそうです。

このケースでも「何故、噛まなくなったのか？」の身心の発信はわからないままです。セミナー参加者（母親）からは、とても感謝されましたが、たった一回の稽古で実践できたのは、大柄な我が子に対して小柄な体で汗だくになりながら格闘してきた日常の切迫感と「何とかしたい！」と願い、諦めることなく向き合い続けた母親の精神力が導いた結果でしょう。

我が子の幸福を願う見返りのない利他の心は愛よりも深い慈悲心であり、とてつもない力を発揮することがあります。パニック対応では知識や技術も必要ですが、それ以上に大切なのは関わる親や支援者の身心の在り方だと感じています。

第6章

引っ掻きや髪の毛を掴んできた場合などの対応

引っ掻きへの対応

強度行動障害のある方のパニック時の対応の中で、噛みついてくる他傷行為に次いで多くの支援者からの困り事で尋ねられることの一つに爪を立てて引っ掻いてくる他傷行為があります。

引っ掻いてくる場所は様々ではありますが、傾向として腕を狙われるケースが多くあります。行動としては、離れた場所からダイレクトに腕を狙って引っ掻いてくることもあれば、片手で腕を掴んで固定してから反対の手で爪を立てて引っ掻いてくる場合もあります。

実際に私自身の体験としてガイドヘルパーとして同行中に突然、横から引っ掻かれることもあれば、福祉施設内で他の利用者の対応をしている際に引っ掻かれることもありました。

そうした不意な行動を起こされる方が対象の場合、単なる反射神経では対応できません。そのため、特に半袖シャツなど腕を露出する服装の際にはホームセンターなどで販売されている防刃用のアームカバーをつけることを提案させて頂くこともあります。もちろん、アームカバーをつけていてもカバーをめくって引っ掻こうとする場合もあるため、完全ではありませんが、まずは怪我を防ぎながら、次の対応へ移る時間を稼ぐことができます。

引っ掻きへの対応

❶′腕を捕まれたが、反応できずに引っ掻かれてしまう。❶まずは腕を掴んだり、引っ掻いてくる前に護道構えで先に封じるのが基本。❷片手取り交差で掴まれた場合は引っ掻かれる前に肘を押して背後に廻って誘導する。❸片手取り同側で掴まれた場合は、❹引っ掻いてくる手首を下から掴んで、❺重ね抑えで腕を封じて側面から背面へ廻り込んで誘導する。

その上で具体的な対応についてですが、まず離れた距離で正面から引っ掻いてくるケースについては実用法の第一局面での手による攻撃と対応は同じです。つまり、護道構えをとって、先に手を掴んで腕封じを行っていくことが基本となります。

片手で腕を掴んできて、その反対の手で引っ掻いてきた場合は、腕を掴まれたと認識した瞬間には行動を起こさなければなりません。

片手取り交差で手首を掴まれた場合は引っ掻かれる前に肘を押して背後に廻って誘導します。逆に片手取り同側で手首を掴まれた場合は、引っ掻いてくる手首を下から掴んで阻止しながら、重ね抑えで腕を封じて側面から背面へ廻り込んで誘導していきます。

髪の毛を掴んできた場合の対応

噛みつきや引っ掻きによる他傷行為に次いで多い相談が髪の毛を掴んで引っ張ってくる場合の対応です。

離れた距離で正面から髪の毛を掴んでくるケースについては、基本は同じで、護道構えをとって先に手を掴んで腕封じを行い、相手に掴ませないのが最善です。

正面から髪の毛を掴んできた場合

❶正面から髪の毛を掴んできた場合、髪の毛を引っ張られないように上から掴んでいる手を抑えながら、同時に隙間が空かないように自分の頭を相手の手に押し付けるようにする。❷相手が髪の毛を掴んでいない手で殴ってきたり、さらに髪の毛を掴もうとしてくる前に護道構えで防ぐ。❸相手が何かアクションを起こした場合、髪の毛を掴んでいる手から意識が離れるため、その隙に手を頭に押し付けたまま、手を左右に揺らしながら髪の毛を抜いていく。❹～❺手が離れたら重ね抑えで相手の腕を封じて背面に廻り込み誘導する。

しかしながら、どうしても掴まれてしまった場合は、髪の毛を引っ張られて、髪と頭皮の間が空くと痛みが増すため、すぐに掴んでいる相手の手を上から抑えながら、同時に隙間が空かないように自分の頭を相手の手に押し付けるようにくっ付けていきます。

片手で掴んで保持しているだけなら、手を頭に押し続けて、力が入らなくなったところで左右に揺すって抜くこともできます。しかし、さらに相手が髪の毛を掴んでいない手で殴ってきたり、両手で髪の毛を掴もうとしてくる可能性がある場合は、先に護道構えをとって反対の手を封じておく必要があります。

相手が掴んでいないほうの手で何かアクションを起こした場合は、髪の毛を掴んでいる手から意識が離れるため、その隙に手を頭に押し付けたまま、左右に揺らしながら髪の毛を抜いていきます。手が離れたら重ね抑えなどで相手の腕を封じて背面に廻り込み誘導していきます。

後ろから髪の毛を掴んで引っ張られた場合の対応

髪の毛を掴まれた場合の対応で一番多い相談は後ろから掴んで引っ張られるケースです。

介護や医療や教育の現場では女性の支援者も多く、ご家庭では母親が育児に関わっていることが多いことも関係しています。

正直なところ髪の毛を掴まれると非常に厄介です。街中の暴漢に襲われた際を想定した護身術であれば、一撃を加えることで痛みを与えて回避する方法をアドバイスされていますが、想定する相手が支援現場での対象者やご家庭で子どもがパニックを起こされている場合、攻撃(反撃）を加えるような護身術は使えません。

そのため自他護身を基準に相手とのその後の関係性を見据えた対応を常に心がける必要があります。髪の毛を後ろから引っ張られた場合は、正面から髪の毛を掴まれたときと同じく、髪を掴んでいる手を両手で掴んで自分の頭を相手の手に押し付けるようにしながら抑えます。

手に触れた感触で相手の掴んでいる腕の小指側を確認しながら振り向きます。

このとき間違って親指側に廻ると相手と向かい合わせになってしまい、さらに反対の手で殴られるなどの追撃を受ける可能性があるので注意が必要です。

手を抑えたまま廻ることで、相手は肘を押されて体勢が崩れると同時に腕が回内することになるため、握力が弱まります。相手の腕の力が抜けたら、手を左右に揺らしながら髪をクシで撫でるような感覚で手を下げて外していきます。完全に手が離れたら背面に廻り込んで腕を封じます。また場合によっては仙骨を押して座位へ誘導して、一体化で抱きかかえながら落ち着

後ろから髪の毛を掴んで引っ張られた場合

❶髪の毛を後ろから引っ張られた場合、❷髪を掴んでいる手を両手で掴み、自分の頭を相手の手に押し付けるようにしながら、❸～❹手に触れた感触で小指側を判断して振り向く。❹'親指側に廻ると相手の正面に向くため、追撃を受ける可能性がある。

❺手を抑えて廻りながら、相手の腕の力が抜けたら、髪をクシで撫でるような感覚で両手を下げて外す。❻手が離れたら背面に廻り込んで腕を封じる。❼仙骨を押して座位へ誘導。

くように促します。髪の毛を掴んだ手がどうしても離れないときは指を一本ずつ離していく方法もありますが、基本的には相手の握力を弱めることを目的として行います。

後ろから両手を掴まれた場合

困りごとの多くは不意に何かされた際の対応が多いのですが、その中でも背後から引っ張れたり掴まれたりする場合の相談も多くあります。

背中側は、後頭部に目がないことからもわかるように死角になりますから、気配を察知できるような武術の達人でもない限り、どうしても対応が後手になってしまいます。

そのため、常に自身の立ち位置（ポジショニング）を心掛けるように指導しています。

具体的には、介護現場の場合は利用者をできる限り視野に入れておける場所に移動して、自身の背後は壁などを利用しておくことや、職員間で連携して、お互いの死角を補うような配置を考えて対応してもらいます。

しかし、それでも背後から腕を掴まれたり、首を絞められたりすることもあります。

背後から腕を掴まれた場合は、腕を上げながら横に身体をズラしていきます。そこから相手の腕の下を潜りつつ、歩法で後ろに廻り込むように足を差し入れて背面に移動します。相手の諸手を封じつつ、場合によっては仙骨を押さえて座位へ誘導します。座位でも相手が興奮状態のときは片手で相手の両手を封じたまま、横向きに倒して側臥位で一体化して様子を見たりします。通常は背面から抱きかかえるようにして、相手の身体を整えて落ち着くように促します。

信頼関係を築くためのコミュニケーションツール

ご紹介してきたように、格闘技では反則と言われる行為が、パニック対応の現場においては基本的な行動（攻撃）であることも多く、格闘技で有効な技術が使えないケースがあります。また武術においては、噛みついたり、爪を使って痛めつける技は忍術などでもありますが、護道においては使う側ではなく、あくまでも防ぐ側の技術がメインです。

護道の技を活用する福祉現場では、もしも支援者がやられたことを同じようにやり返すと、これは虐待行為として罰せられます。

何よりもパニックになって一番困っているのは利用者（障がいのある当事者）であり、またずっと暴れているわけではなく、穏やかに過ごされているときもあります。そんな利用者が落

後ろから両手を掴まれた場合

❶背後から腕を掴まれた場合、❷腕を上げながら横に身体をズラす。❷′抵抗して前に逃げようとしても腕力差があると難しい。

❸相手の腕の下を潜って側面から背面に廻り込む。❹背面で諸手を封じる。❺仙骨を抑えて座位へ誘導。❻片手で相手の両手を封じたまま、横向きに倒して一体化。その後、背面から抱きかかえて相手の身体を整える。

ち着いてパニックが起こらない状態になることがベストであり、護道が目指す境地は技を上手く使いこなすことではなく、技を使わないで済む状態になることです。つまり、相手との信頼関係を築くためのコミュニケーションツールであることを忘れないでほしいのです。

このように実用面においては従来の武術や現代武道や格闘技との違いがあります。しかし、最終的に技を使わない状況を理想とすることは、全ての日本武道が目指してきた和の境地に繋がるものであるとも感じています。

自他護身 Episode 5

缶コーヒーで間を制する

ある寒い日の晩、家の近くにある道路の高架下で作業服姿の男性と黒いTシャツ姿のマッチョな男性が口論していました。

作業服姿の男性は壁側を向いて何やら泣きながらわめいており、Tシャツ姿の男性が、作業服姿の男性に対して「大きな声を出しても意味ないやろ！　落ち着け！」と諭している感じでした。

私は少し離れた自販機で缶コーヒーを2本買ってから高架下へ引き返しました。言い争いは終わる気配がなく、段々声のトーンが上がっており、近所迷惑でもあったので、先に警察に電話をかけようとしたところで、急に怒鳴り声が聞こえなくなりました。

あれ？っと思い、高架下を覗くと、Tシャツ姿の男性が、作業服姿の男性の腹に蹴りをいれ、膝を付いたところで、上から打ち下ろすように顔面を殴っていました。

作業服姿の男性はガードレールを背にして体を丸めたまま、殴られる度に「うゞっ！　うゞっ！」と、うめき声をあげながらフルボッコ状態になっていました。Tシャツの男性の繰り出す蹴りは力任せの喧嘩キックだけど、「ドッ！　ゴッ！」と肉を叩く鈍い音が響いていました。

「110番しても警察の到着まで作業服の男性の身体は持たないな…」と思い、二人のほうへ駆け寄りました。

近くまで駆け寄った段階で、「あ〜、こんなところで何をしているんですか？」と声をかけると、Tシャツの男性はボクシングのファイティングポーズのように腕を上げて構えたまま、攻撃の手が止まりました。その瞬間にパッと距離を詰めました。

そして、Tシャツの男性が何か声（反論）を発する前に、「はい！」と言いながら、左手でポケットから先程買った缶コーヒーをサッと取り出して真っ直ぐ、相手の顔の前に差し出しました。

「エ？」と言って驚いた表情とともにTシャツの男性は視線を缶コーヒーのほうへ移しました。

このとき、缶コーヒーを手に持っていますが「片手護道構え」の状態であり、もしもここで相手がその場から殴りかかってきても差し出した缶コーヒーを持つ手が邪魔になり、さらに実際に動き出した瞬間には攻撃ラインからズレながら側面に移動するので蹴りも当たらない状況を作っていました。

また、相手が缶コーヒーの腕を払ってから間合いを詰めようとした場合は、その手にくっついていきながら、同じようにズレて間合いを詰めれば相手の攻撃を封じることができます。

つまり、相手の選択肢を制限して対応できる状態にしていました。

しかし、Tシャツの男性は攻撃するでも防御するでもなく、呆気に取られて缶コーヒーを見詰めていたので、手をほんの少し前に出すと、腕を伸ばして缶コーヒーを掴もうとしましたので、その動きのスピードに合わせて腰あたりまで腕を下げたところで缶コーヒーを渡しました。

そのことで、間接的に相手のガードを下げさせて、攻撃意思を解除するように誘導したわけです。

そして、私が作業服の男性との間に入るとTシャツの男性は黙ったまま、少し後ろに下がって立っていました。

「大丈夫ですか?」と作業服の男性に声をかけると、「あ…すみません…」といいながら顔を上げたのですが、鼻からは血がボトボト流れており、ズボンが血でシミになっていました。確実に鼻骨は折れており、瞼は見る見る腫れて、まるでゲームの「ストリートファイター」でノックアウトされたキャラクターのような表情になっていました。

作業服の男性は、「オレはホンマに困っとるんですよ〜! でもコレですわ!」と、急に興奮冷めやらぬ様子で怒鳴り声をあげました。

「事情はわかりませんが、とにかく、警察と救急を呼びましょうか?」というと、「いや、いいです! いいです!」と作業服の男性が否定されるので、「まぁ、ともかく落ち着いて…」といいながら、買っていた缶コーヒーを作業服の男性に渡すと、「すみません、ありがとうございます」といって缶コーヒーを受け取られました。

ちなみに2人に渡した缶コーヒーはデザインなどを含めて買うときに意図的に選んでいま

した。ホットにしたのは暖かさによるリラックス効果、ブルーのパッケージの缶を選んだのは視覚からの鎮静効果、二つとも同じ銘柄にしたのは、同じものを飲むことによるラポールの形成（信頼関係・仲直り）の効果を意識していました。

ただTシャツの男性は缶コーヒーを飲み始めましたが、作業服の男性はダメージのため、缶コーヒーは飲めず、ガードレールの上に置いてしまいました。

両者の言い分を聞くと金銭の貸し借りで揉めていたようで、その後も紆余曲折ありましたが、最終的には病院での治療も含めて話し合って解決されていました。

首を絞められた場合の対応

福祉施設での研修を行うと様々な対応に関する質問を受けます。その中で何度か質問されたことがあるのが、正面から首を絞められるというケースでした。首を絞められると本能的に腕を掴んで開こうとしてしまいますが、力が加わる方向へ対抗する行為なので相手を上回る力が必要になります。また暴漢への護身術として対応する場合は相手の喉や脇下などの急所を突くこともできますが、自他護身ではないため、介護や医療現場では使用できません。

　他にも腕の内側から開くという方法を用いる武道もありますが、これもベクトルがぶつかり合うため、腕力が必要です。また腕を左右に開いてしまうと相手の顔が近付いてくるため、頭突きをされたり、噛みつかれる危険性が高まります。そのため、護道では手首を下から上へ押し上げて、一旦ベクトルを変えてから相手の肩が自分の手だとイメージすることで一体化して押し返します。そこから、重ね抑えで相手の側面へ移動して背面から抱きかかえて誘導していきます。

　大切なことは相手の加えてくるベクトルと対立せず、別の角度からベクトルを加えることでベクトルを合成させて力を別の方向へ逃がすことです。また、触れた場所（または触れられた場所）を通じて相手の身体と繋がるイメージを使って一体化することが重要です。一体化してしまえば、その後の対応は臨機応変に身体に任せて動いていけば、いずれ落ち着きます。一体化していない状況で相手を動かそうとすれば、抵抗されて力のぶつかり合いになりますので注意が必要です。

首を絞められた場合

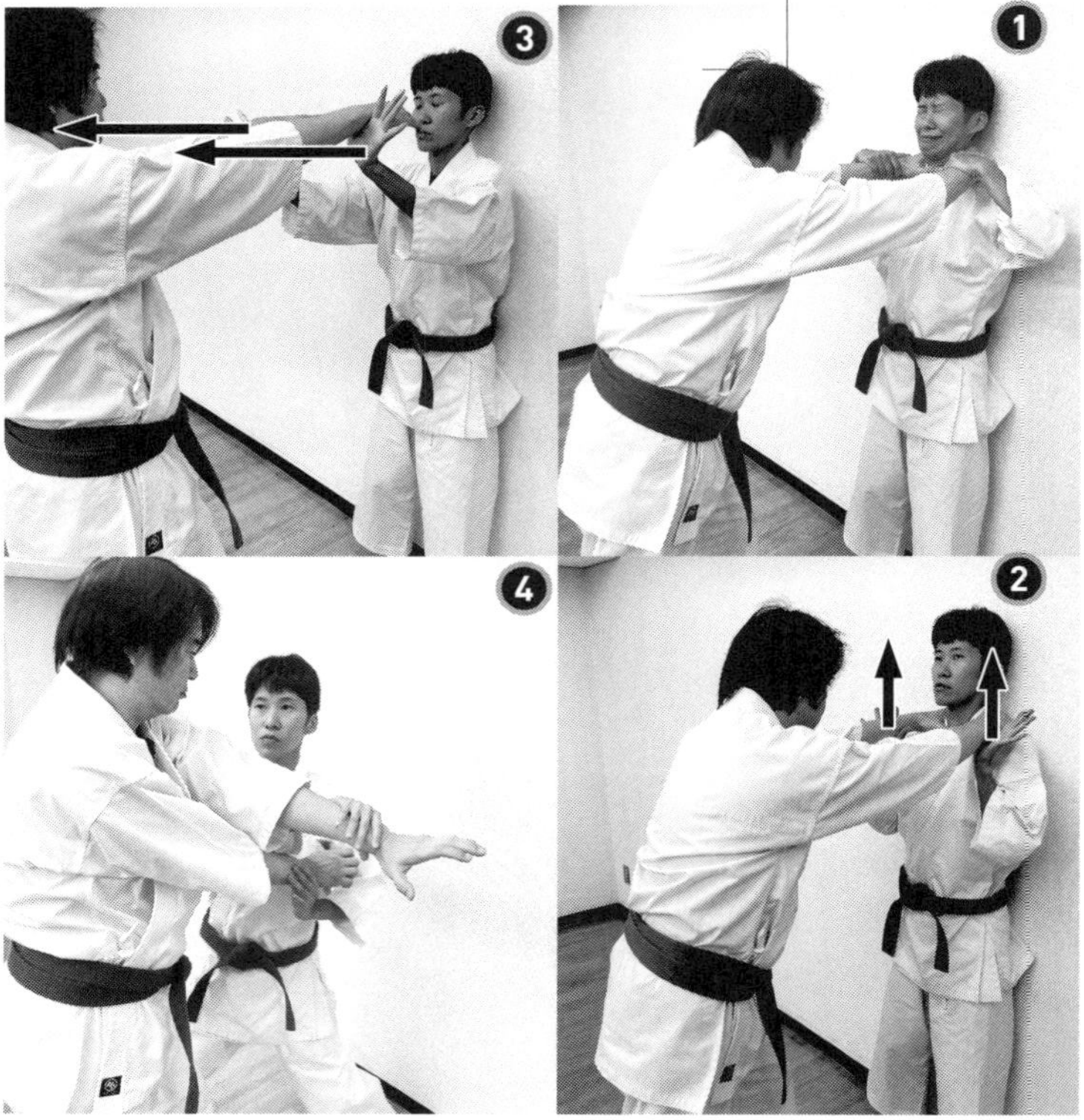

❶正面から首を絞められた場合、腕を左右に開こうとしても腕力差があると難しい。❷相手の手首の下から腕を押し上げてから、❸正面に向かって護道構えのイメージで押す。❹そのまま、重ね抑えで腕を封じて側面から背面に廻り込んで誘導する。

衣服を掴まれた場合の対応

障がいのある子どもを育てている母親から「服を掴まれるのですが、どうしたらいいでしょうか？」という質問を受けることもあります。このケースも暴漢相手の護身術なら急所を突くこともできますが、自他護身を必要とする現場では使用できないので対応の難易度は高まります。

まず、単に片手で服を掴んで引っ張ってくるだけなら、服を持つ手を上から抑えて、服が破れないように反対の手で掴まれている服のほうも掴んで抑えながら、身体と掴んでいる腕を引き離すようにして服から手を離させる方法もあります。また両手で服を掴まれた場合は、服を持つ相手の両手を自分の両手で上から抑えて引っ張っている方向へ自身の身体もついていくようにして服が破れることを防ぎながら、そのまま側面へ身体をズラしつつ密着して抱きかかえて落ち着かせる方法もあります。

しかし、単に胸倉辺りを掴んでくるだけでなく、袖と胸倉を掴んで引き付けて（あるいは近づいてきて）噛みついてきたり、頭突きをしてきたり、興奮して腕を前後に動かして揺さぶって押してきたりする場合は、すかさず護道構えの要領で相手の腕に触れて一体化する必要があ

衣服を掴まれた場合

❶衣服の胸倉と袖を掴まれて、引き付けられたり、押されたり、❷背負い投げのように担がれたりする可能性がある場合、❸まず基本は掴まれる前に先に手を封じることが大切である。❹掴まれてしまったら、護道構えの要領で相手の腕を抑えながら伸ばすことで、スペースを作って密着させないようにしながら一体化して動きを封じる。

❺スペースが崩れて担がれそうになった場合は、素早く手で仙骨を抑えることで担いで投げられることを防ぐ。❻〜❼仙骨を押しながら相手を座位へ誘導して抱きかかえて一体化する。

ります。そして、触れた箇所を通じて一体化してしまえば、相手は腕を引き付けることも押すこともできなくなります。

また相手が掴んでいる腕を離して殴りかかってくることもあります。相手の腕に触れながらも、護道構えで相手の肩を止めているイメージをしておけば、相手が手を離した瞬間に肩の方向へ腕が伸びていくので、殴ろうとする腕を抑えることができます。そのためイメージを伴いながら修練を続けることで無意識に反応する身体を作っていくことが大切です。

指を絡めて捻り上げてきた場合の対応

福祉施設で働く介護士から、「テレビで護道を知って、見よう見まねで護道構えをとっていたら、動きが一瞬止まった後、構えている手の指に相手が指を絡めてきて、プロレスの力比べのように手首を返して捻り上げられたのですが、どうすればよかったのでしょうか？」という質問を受けたことがあります。

以前から雑誌やテレビ出演などを通じて、護道が認知され出したことで、とくに代表的な「護道構え」のポーズを取り入れているということをお聞きする機会が増えてきました。自他護身の理念と引き分けの技術が広まれば世の中が平和になっていくので大変嬉しいことなのですが、表面的に形をマネしているだけでは、残念ながらその本当の効力を発揮できません。単に腕を伸ばしているだけでは、指を絡めて捻じられたり、払われたり、曲げられて関節技を掛けられたりしてしまいます。

護道構えは、錬成法で培った姿勢や力を発揮するイメージに加えて、接触した箇所から、すぐに一体化できる身体感覚を伴って初めて有効に活用することができます。

質問のケースについては、まず手首に硬い棒が埋め込まれていて曲がらず、捻られないとイメージすることで抵抗力を強化しておきます。加えて相手の肘や肩まで繋がっている腕を通る前後軸が捻ってくる方向と逆向きに廻っているとイメージすることで不覚筋動を使って一体化します。一体化で相手の力を先に封じることができれば、手首を捻って捩じ上げられることはなくなります。そこから重ね抑えで側面から背面に廻り込み誘導します。本当に現場で使える技術の習得には、基本の術理を理解し、基礎を身につけていくことが不可欠です。

指を絡めて捻り上げてきた場合

❶〜❷護道構えの手に相手が指を絡めて捻ってきたとき、形だけの真似した構えだと力負けしてしまう。❸まず手首に硬い棒が埋め込まれていて、曲がらず、捻られないとイメージして自身の錬成力を発揮する。加えて相手の肘や肩まで繋がっている腕を通る前後軸が捻ってくる方向と逆向きに廻っているとイメージして一体化する。錬成法で養った身体と、相手と繋がる一体化の感覚が会得できれば、相手の力を封じることができる。❹そのまま重ね抑えで側面から背面に廻り込み誘導する。

第7章

実用法・第三局面
密着した間合いの対応

実用法・第三局面は「身体に組み付かれて密着された場合の対応になります。

正面から腰を抱え込んで絞めつけられた際の対応

自他護身の研究をはじめた頃、成人した障がいのある子どもの母親から相談を受けました。「うちの息子は身長180センチで体重100キロあって、正面から抱き着いてくるのですが、その度に力が強くて背骨が折れそうになるのです。それで腰を痛めていて……。私が痛いから逃げると暴れて家の壁が穴だらけになってしまうのです。どうしたらいいでしょうか？」と言われました。

この対応に関して相手を怪我させても良いのであれば、総合格闘技の胴タックルの対応のように手を差し入れてカウンターで打撃を入れることや、合気道のように組まれる前に捌いて投げることや、護身術の対応のように股間に膝蹴りをいれて指で目を突くなど、様々な方法を例に出すこともできます。

しかしながら、相手は愛する我が子ですから、当然ながら傷つけるようなことはできないわけです。また相談のケースでは単純に組み付かれた状態からエスケープできたとしても暴れて

正面から腰を抱え込んで絞めつけられた場合

❶腕を上げたままだと、❷正面から腰を抱え込まれて絞めつけられる。❸正面から抱え込まれたとき、相手に掴ませながらも、背中を引き付けられて腰を痛めないように、引き付けられる前に相手の両腕の肘の上から腕で挟み込んで伸ばしながら、相手の肩の上下軸を内側に回すイメージを使って一体化して抑える。それによって肘を開かなくして、腰を引き付ける動作を防ぐ。パニック対応の場合は関係性を大切にしながらケースバイケースで技術をカスタマイズする必要がある。

物損などの二次被害が起こります。

また本人も母親が憎くてやっているわけではなく、むしろお母さんが大好きで、抱き着いてスキンシップを取ることで自身が足りないと感じているオキシトシンなどのホルモンの分泌を求めている可能性がありました。

または、発達段階で成長に凸凹があり、ゆっくりした動作を行う遅筋の未発達や固有受容覚が安定しておらず、力加減ができなかったのかもしれません。しかし、そうであったとしても、母親が身体を壊してしまっては共存が難しくなります。

ですから、そのときに提案させて頂いたのは、相手に掴ませながらも背中を引きつけられて腰を痛めないように、引き付けられる前に相手の両腕を自身の両腕で挟み込んで上から圧迫をかける対応法でした。

一見、抱き着いている腕の上から、さらに自らも力を加えるとより強く締まるのではないかと思われますが、実際には相手から左右に絞め上げられているのではなく、抱きかかえた状態で両肘を曲げて引き付けられながら、前後に絞められて腰を痛めているわけです。つまり、絞めるために肘を外向きに開いていく必要がありますので、その上から腕を挟み込むようにして伸ばしながら、相手の肩の上下軸を内側に回すイメージを使って一体化して、肘を開かなくして腰を引き付ける動作を先に防ぐように指導しました。

そのことで母親が腰を痛めずに済むだけではなく、本人は目的である母親に抱き着くことができている上に母親からも抱きしめられているため、オキシトシンが分泌されて安心することができます。そうして安心してから離れるということを繰り返し、そのうち発達の段階で抜けていた身体の機能が成長されたようで、抱き着くことも無くなったそうです。

護道では、単に技を使って身を守ったり逃げることだけが目的ではなく、とくにパニック対応が必要なご家庭や学校・福祉や医療現場においては、状況によってケースバイケースで技術をカスタマイズして用います。相手は敵ではありませんので、お互いが傷つかず、関係性を大切にしていくことで、最終的には技を使わずに済む状態を目指すことが目的となります。

この辺りも護道の技術を理解して身につけていく際に重要なポイントになります。

背後からの組み付きについて

目が前方にあることからもわかるように、背面からの攻撃は気配を察知する能力がなければ、なかなか避けがたいものです。とくに複数の人に囲まれた場合は、目の前の相手に対応している間に他の者に背後に廻られて掴まれてしまう可能性が高くなります。そのため、背後に廻らせないような工夫も必要になってきますが、組み付かれた際の対応も考えておく必要があります。

背面からの組み付きにおいて、両腕ごと身体に抱きつかれたり、胴体だけを捕まえられたり、または首に腕を絡めて絞めてくる場合など様々あります。こうした場合、通常の護身術では急所を突いたりしますが、護道は、自他護身を目的とした技術であり、教育や介護現場も想定しているため、その後の関係性が悪化するような攻撃手段(反撃を含む)は行わないのが特徴です。

羽交い絞めの対応

羽交い絞めされたら、手を開いて身体の軸（中心軸）を伸ばし、脇を締めるように手を伸ばしながら下ろしていくと脇の下と身体の隙間が狭まり、羽交い絞めのために首にかけていた相手の腕が外れます。

相手の腕を脇に挟んだまま、片手で交差した相手の腕を掴み、掴んだ側の腕を内側に回して肘から腕の間に入れつつ、相手の反対の手を掴んで下ろします。その手を離しつつ、同時に振り返りながら、相手の肘裏を掴んで「引き込み」で背面に廻り込みます。背面で諸手封じの状態からは仙骨を押して誘導して座位で抱きかかえて一体化します。

腕を抱え込まれた場合

胴体に組み付かれるだけでなく、腕や足に組み付いてくる場合もあります。

「第二局面」は手首や腕を掴まれた際の対応でしたが、さらに密着して腕を抱えられた状態で、関節技をかけてきた場合の対応について紹介しておきましょう。

腕を抱え込まれた状態から、「手首、肘、肩までが一本の硬い鉄の棒になっている」などのイメージをしながら伸張感覚を使うことで、安易に関節を極められないようにします。そして、指を伸ばして掌を張ったまま、親指が上になるように向けます。これも「護道構え」の応用です。

そこから、腕を抱えられていないほうの手で相手の肘に触れて、掴まれている自分の腕の肘下まで相手の腕を押し下げます。そこから掴まれている腕の肘を下げつつ、腕を抜きながら背面へ廻っていきます。背面に廻ってから、腕を前方で重ねて「重ね抑え背面封じ」を行います。その状態から片足を浮かして膝で仙骨を押すことで座位に誘導して、抱きかかえた状態で一体

羽交い絞めの対応

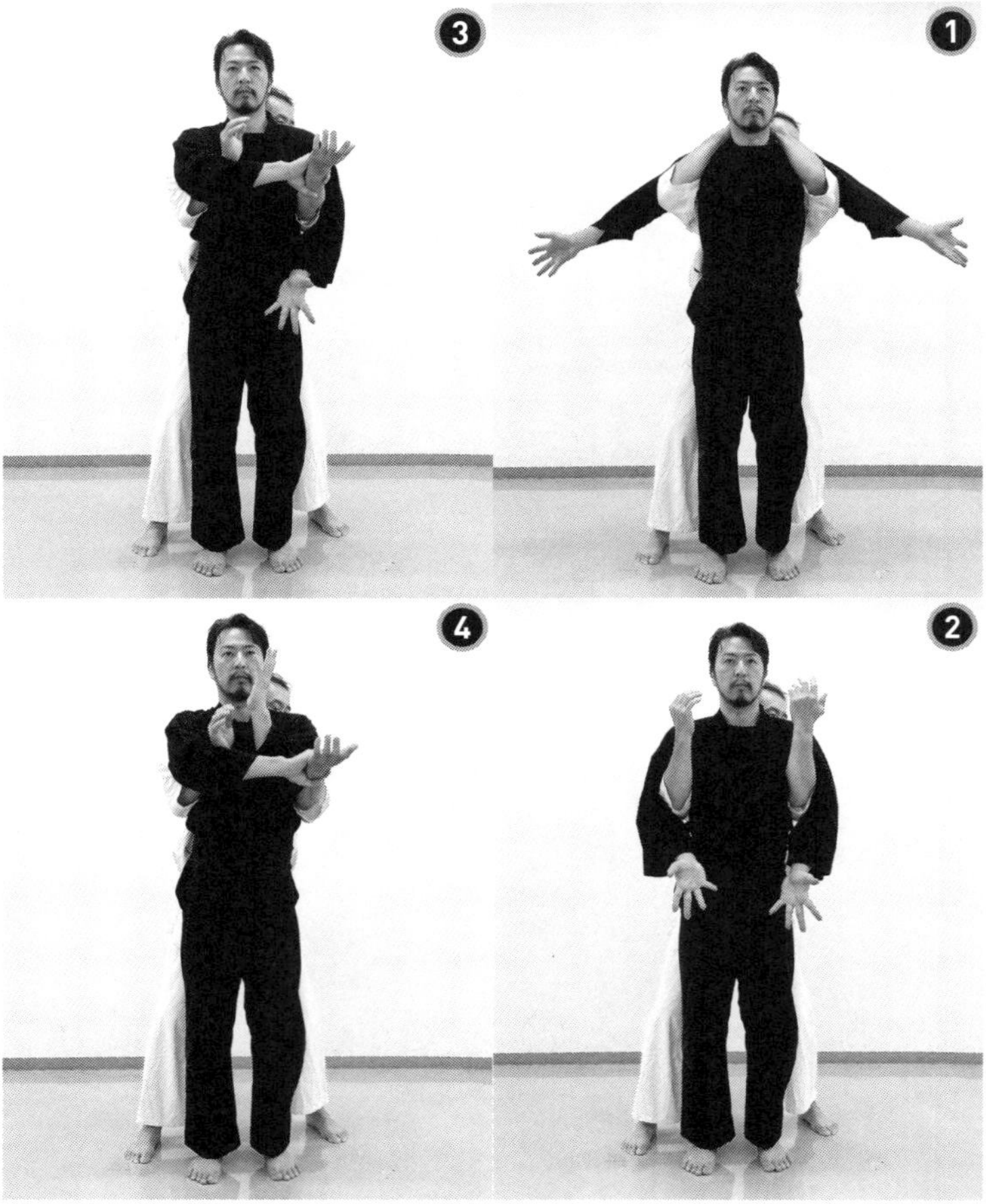

❼

❺

❶背後から羽交い絞めされた状態で掌を上に向けて手を張る。❷腕を伸ばしながら下げていき、脇を締める。❸脇で腕を挟んだまま、片腕を掴む。❹〜❺反対の腕を上から下に通しながら、脇に挟んでいる腕を掴んで下げる。❻〜❼最初に掴んだ手首はそのままで、反対の手を離すと同時に肘を持って「引き込み」で背面へ廻り込み、そこから抱きかかえて一体化する。

❻

化を使って動きを封じます。

首を前方から抱え込まれた場合

正面から首を掴まれるケースとしては、両手で首を絞める、腕の前腕部で押し付けるように

腕を抱え込まれた場合

❶腕を抱え込まれた状態から関節を極められないように手を張って親指を上になるように向ける。❷相手の肘に触れて自分の腕の肘下まで押し下げる。

❸

❹

❺

❻

❼
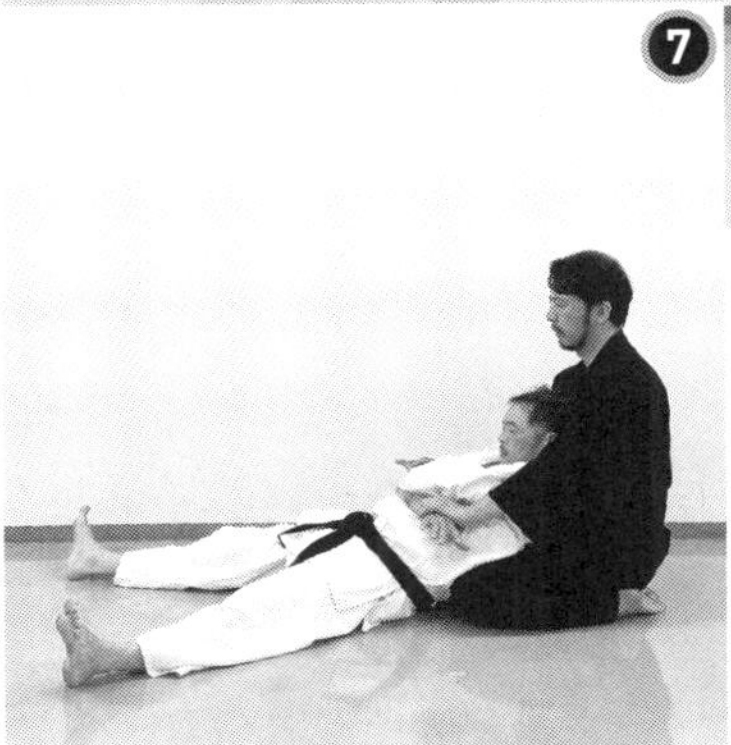

❸～❹掴まれた腕の肘を下げて腕を抜きながら背面へ廻る。❺～❼「重ね抑え背面封じ」から仙骨に膝を当てて座位に誘導して、一体化して封じる。

絞めてくる、首相撲の状態から挟み込んでくるなど様々あります。ここでは頭を下げさせた状態から脇に抱え込んで首を絞め上げる、プロレス技でいうフロントチョークのような形になった際の対応について説明します。

腕で抱え込まれてしまった場合、後ろに頭を引き抜くことや、頭を上げることは腕力差があると通用しません。足をかけて一緒に倒れ込むような方法を指導している武道や格闘技や護身術がありますが、失敗した際に自身の頭を地面に打ちつける可能性もあり、危険です。そのため、護道では自身の臀部を下げることで身体の軸（上体）を立てて回避する方法を用いています。

前方から首を抱えて絞められた場合の対応

首を前方から抱え込まれた状態から頸動脈を絞められないように腕を掴んで抑えます。その状態から膝を折り曲げながら腰を下ろして、上体を立てます。腕を掴んで上体を立てたまま、立ち上がり、「袖潜り」を使って相手の背面へ廻り込みます。背面に廻ってからは相手の両手を抱えるように持ち替えて「腰抑え諸手封じ」を使い、拳で相手の仙骨を押しながら座位へ誘導して一体化して動きを封じます。

首を側面から抱え込まれた場合

側面から首を抱えるようにして、プロレス技でいうヘッドロックの状態で絞められることは、素人同士の喧嘩でもよく見かける光景です。

このとき、ただ抱えられて首を絞められる場合もあれば、片腕で首を抱え、反対の手で顔面を殴ってくる場合もあります。また、首を絞めた状態のまま、柔道でいう腰投げのような形で投げ飛ばされ、そのまま袈裟固めのような形で抑え込まれてしまうケースもあります。

そうした危険を回避するためにも、まずは首を絞められないように腕を掴み、同時に反対側の相手の脇の下から腕を通して相手の肘を掴みます。そうすることで頭を抱えられたまま、反対の腕で顔などを殴られることを防ぎます。そこから膝を曲げて腰を落としてから素早く上体を立てます。

腕を掴んで上体を立てたまま、立ち上がり、頭を下げて相手の腕の下を後ろに進む「袖潜り」で相手の背面へ廻り込みます。さらに背面から相手の両腕を抱えながら持ち替えて「腰抑え諸手封じ」を使って、拳を仙骨に押し当てながら座位へ誘導して一体化して動きを封じます。

前方から首を抱えて絞められた場合

❼

❺

❶首を前方から抱え込まれた状態から、首を絞められないように腕を掴んで抑える。❷腰を下ろすことで上体を立てる。❸～❺そのまま立ち上がり「袖潜り」で背面へ廻り込む。❻～❼両手を抱えるように持ち替えて「腰抑え諸手封じ」で仙骨を押しながら座位へ誘導して、一体化して封じる。

❻

体幹軸で繋がり一体化する

護道の技法において重要になるのは「一体化」です。本来であれば組み付かれる前に護道構えで先に腕を封じていく必要があるわけですが、もし密着されてしまったら、より素早く相手の身体内部の軸を止めて「一体化」していくことが求められます。体幹軸をイメージしながら、

❶首を抱え込まれた状態から首を絞められないように腕を掴み、同時に反対側の相手の腕も脇の下から腕を通して肘を掴む（❶'それにより、頭を抱えられたまま反対の腕で殴られるのを防ぐ）。

❷

❸

❹

❺

❻

❷腰を落として上体を立てる。❸〜❺そこから立ち上がり「袖潜り」で背面へ廻り込む。❻「諸手封じ」から「腰抑え諸手封じ」に切り替えて、仙骨を押すことで座位へ誘導して、一体化して封じる。

どこを止めていくと動きを封じていけるか？を考えながら稽古を繰り返しておく必要があります。

その積み重ねの中で軸の感覚を会得していき、最終的には考えなくても相手と繋がり、調和して誘導できる状態を目指します。

思考の三原則

護道では技を行う際の考え方として「対立しない」「囚われない」「できることをする」という「思考の三原則」があります。とくに技の検証で上手くいかないときに「自分勝手に動いて相手の意識や力と対立していないだろうか？」「相手の状態は以前と変わっているのに同じ技に固執し、囚われていないだろうか？」「今、この状況で自分が動かせる部位はどこだろう？できることはないだろうか？」などと問題点を探す目安となっています。

「相手は変えられないけど自身の在り方は変えられる」「自身の在り方を変えることで結果として相手との関係性が変化する」ということを踏まえて、日常の様々な人間関係の中で護道の思考法を活用して頂くことを推奨しています。

自他護身 Episode 6

半グレ集団の包囲網

深夜、半グレ集団に囲まれたことがありました。

その日は終電で帰ってくる予定の家族が帰宅しておらず、電話を掛けても繋がらないことから念のため周辺を探していました。

夜なので人通りはほとんどなく、たまに人の気配を感じるのは路駐のタクシーなどの車だけの状況でした。

その路駐の車の中で、私が通りかかったときに急に少し発進して、再びバックして止まった不審な動きをする白いワゴン車がありました。

その不自然な動きが気になり、車の中を覗き込んだら、運転席にラッパー風に帽子をかぶった黒いマスクの男性と助手席には銀縁眼鏡をかけた黒人の男性が乗っており、目をむき出して、こちらを睨みつけていました。

後部座席に関してはスモークガラスのため、全く見えませんでした。

あまりにも雰囲気が怪しいのでナンバープレートを覚えておこうと思い、ゆっくりと通過

したところ、急に後部座席のドアが開いて
「ナンや！　お前、殺すぞ～！　ゴゥラァ～！」

…と怒鳴り声を上げながら、バラバラとワゴン車から人が飛び出してきました。

最初にワゴン車から飛び出してきたのは、髪のサイドを刈り上げたモヒカン風の金髪で黒いマスクに上下ともに真っ白のブランド物のジャージ姿の男。

続いて帽子をかぶり、首元にタトゥの模様が見えている黒い服にネックレスの男が出てきて、そして、運転席にいたラッパー帽子の男と、助手席にいた大柄な黒人男性が眼鏡をはずして降りてきました。

ああ、コイツら所謂、半グレか？と思っている間に、ぐるっと周囲を四人組に囲まれてしまいました。

「なんなんワレェ～」「ぶっ殺すぞ！　アァ～！」と凄みながら吠えていました。

その動きは、ディズニー映画『ライオンキング』に出てくるハイエナのようでした。

「殺すぞ！」というセリフを聞いたのは久しぶりだったので、なんだか懐かしい（？）気分になりながらも、身の危険を感じる機能がなくなってしまったのか？と思うぐらい私は冷静でした。

過去の私なら「やられる前にやってしまわないと!」と考えて大乱闘になっていたかもしれません。

しかし、このときは「襲い掛かってきたら、どうしよう?」という不安感もなく、道場にいるときのような気分で「まぁ、なるようになるだろう!」という心境でした。

「なんや、ナンかようか!」「なめとんか!」と凄みながら、モヒカンの男性が詰め寄ってきたので、ゆっくりと護道構えをとりながら、「いや～ごめん、ごめん、人を探しとって車が気になっただけやねん!」と友人に話しかけるような感じで答えました。

するとモヒカンの男性は、じーっと、こちらの目を見た後、しばらく間をおいて「なんやメンチきっとった(睨んでいた)から、こっちも勘違いするやろ!」と言い、「ところでどんな奴、探しとんねん!」と聞かれたので、簡単に特徴を伝えると「オレらの仲間にはおらんワ!」と言われました。

そのやり取りをしている間に張りつめていた場の空気が元に戻り、全体が調和したような感じがしました。

彼らの態度や意識が変わっていく姿は、福祉施設でパニックを起こした強度行動障害のある利用者が、こちらの姿勢や在り方によって安心して落ち着いていく姿とかぶりました。

それは錬成法で養った姿勢や一体化で相手の身体と繋がる検証法の稽古の繰り返しによって会得した感覚でした。

　また書籍『護道の完成』にて、脳波測定の実験を紹介しましたが、このときも、もしかしたら同じ空間にいることで、こちらの冷静な脳波（スローα波）に相手の脳波が同調して下がっていったことで落ち着かれたのかもしれません。

　ともかく、彼らがワゴンから出てきてくれたおかげで、私は見えなかった車内の状況がわかって安心したのでお礼をいうと、ハイエナの包囲網はとけて、再びワゴンの中へササ〜ッと戻っていかれました。その様子は「ハウス！」って言われて小屋に戻っていく犬のようで、ちょっと微笑ましくさえ感じました。

　その後、家族から帰宅したという連絡がありました。

　家族に半グレ集団に遭遇した話をすると、ワゴン車が止まっていた場所は、数年前にキャバクラ勤務の女性を殺害した犯人が住んでいたマンションの前で、最近も不審な若者たちが集まっていると噂になっていることを聞きました。

　その不審者情報が遭遇した彼らのことだったかはわかりませんが、「前もって情報を得て危ない場所には近づかないことが一番の先制防御だな…」と思いました。

そして、威嚇していた彼らが急速に落ち着いた姿を思い出しながら、「相手は変えられないが自身の在り方を変えることで結果は変わる」ということも改めて感じました。

第8章

実用法・第四局面
臥位や座位での対応

臥位から立位への回避

臥位から立位までの5段階のステップ

前著『護道の完成』にて、若い頃、暴走族との喧嘩の際に背後から不意打ちを喰らって、倒れ込んだところを上から複数人に踏みつけられてしまい、立ち上がる際に苦労したエピソードを記載しました。そのことも踏まえて護道では、臥位（寝転んでいる状態）から立位（立ち上

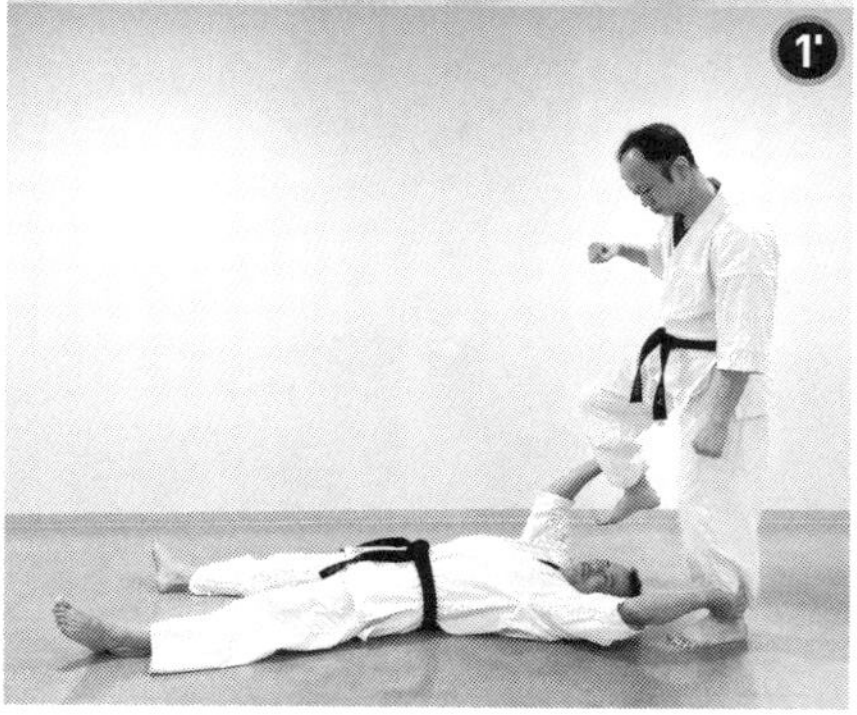

❶仰向けに寝ている頭上に相手が立っている場合、足の内側に手を掛けて一体化して踏みつけられないように防ぐ（❶′外から足に手をかけると顔を踏みつけられるので注意）。❷身体を丸めて片方の腕を回すようにして足を押して向きを入れ替える。❸両足で足に触れて臥位で護道構え（臥位）、❹少し離れながら相手の打撃技に備えて片足を上げ、片手で護道構えをとりながら片肘をついて状態を起こす（片肘）。❺状況を見極めながら片肘を伸ばして片手は構えたまま、足を引きよせて座位になる（座位）。❻差し足と地面についている片手で腰を浮かせて、すばやく片膝をついて半座半立ちで護道構え（片膝）。❼そこから構えたまま立ち上がり、離れる（立位）。臥位→片肘→座位→片膝→立位の 5 段階で対応する。

2

3

4

5

6

7

馬乗りになられた場合

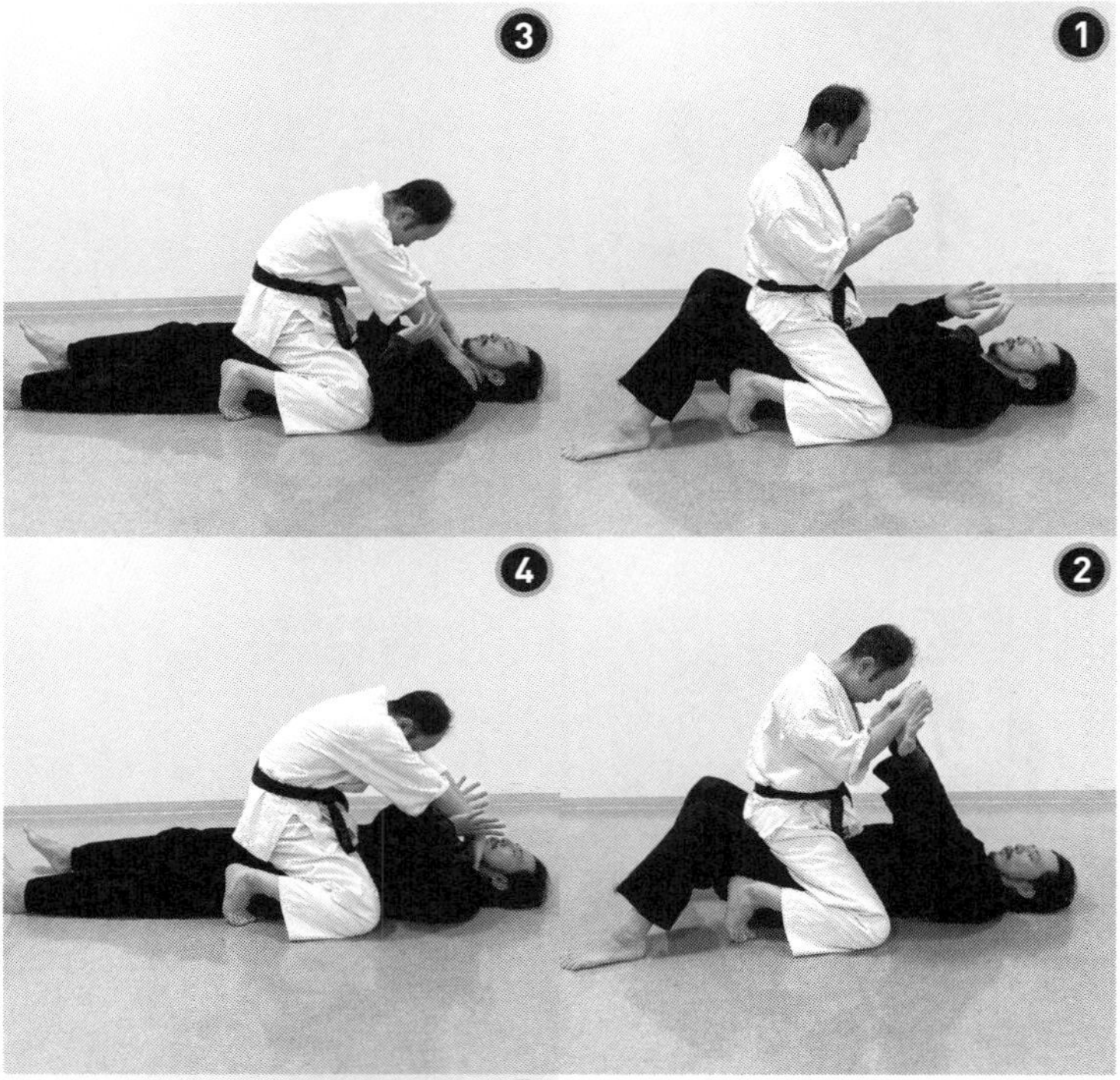

❶馬乗りになられた状態から、❷相手に殴られたり、掴まれたりする前に護道構えで手を封じる。その後は❻～❿の対応で離脱する。❸～❺首を絞められてしまった場合は立位での首絞めと同じ要領で腕を離す。

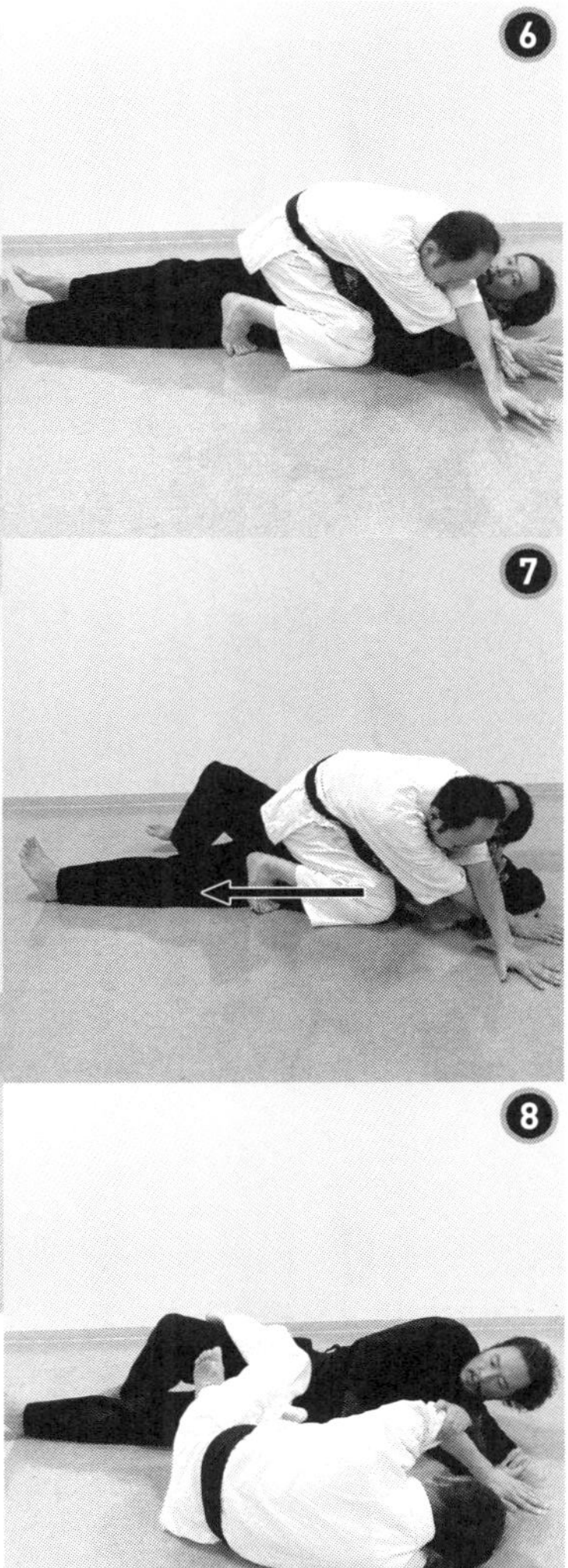

❻「重ね抑え」で相手の体勢を横に崩す。❼～❽手で相手の膝を押しながら、反対側の足の膝を立てて横に向いて相手を転がす。❾～❿護道構えをとりながら立位になり、離脱する。

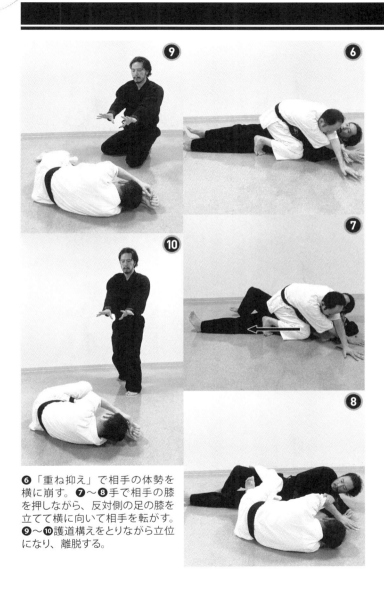

がって回避）になるまでの過程を、臥位↓片肘↓座位↓片膝↓立位の5段階に分けて指導しています。それぞれの過程を経ることで、それぞれの状態で打撃を喰らうことなく、回避できるように稽古しています（１４８〜１４９頁写真）。

自他護身 Episode 7

激しいパニックを起こす高校生の対応

残念ながら福祉施設や教育現場で、利用者や生徒に対して介護士や教師が馬乗りになって抑えつけていることがあり、中には過剰に抑えつけたことで怪我をさせてしまうことや、死亡事故を起こしてしまうケースがあります。私も実際に学校や施設で幾度か見かけて、慌てて間に入って止めたことがあります。しかし、それとは逆に支援者に対して利用者や生徒側がパニック時に馬乗りになってしまうケースもありました。

それは特別支援学校高等部に通う背の高い男子生徒が放課後等デイサービスにいる間にパニックを起こして暴れ出したときのことです。

そこで柔道有段者の支援員が男子生徒に組み付いて腰投げの要領で体勢を崩して仰向きに

倒して、そのまま袈裟固めで抑えつけていました。そのとき私は興奮している他の利用者を落ち着くように促して、別室へ移動させていました。

こうした柔道技を使った対応は福祉施設だけでなく、特別支援学校でも見かけることが幾度かありました。

残念な出来事ですが、大阪のある特別支援学校で、教員が生徒に柔道技を掛けようとしたり、暴言を吐いていたことが体罰としてニュースで報道されたことがありました。教員は生徒とのコミュニケーションを取っていたという釈明をしていたようですが、生徒に恐怖を与えた時点で言い訳にしかなりません。福祉施設でもプロレス技を利用者にかけている支援員がいて注意したことがありましたが、学校や福祉施設などは上下関係が生まれやすい場所であり、イジメと同じで絶対にやってはいけないことです。

さて、そんな柔道技を使って学校でもデイサービスでも抑えつけられてきた利用者ですが、繰り返し抑えられてきたため、抵抗能力が高まっていました。

私がちょうど室内に戻ってきたとき、支援員が「○○！　落ち着け！」と利用者の名前を呼びながら、さらに深く袈裟固めでガッチリと相手を抑え込んだ瞬間、利用者は寝転んだままの体勢から掴まれていない腕で握り拳を作り、支援員の後頭部へ突きを入れました。

「ゴッ！」という鈍い音と共にその一撃で支援員はクラッとされて気を失いました。興奮した利用者は、その勢いで支援員を跳ね飛ばして馬乗りになると、顔を真っ赤にして漫画のセリフを言いながら支援員の顔面を殴り出しました。この行動は学校で教師から馬乗りで抑えられてきたことによる誤学習だと感じました。

支援員はすぐに意識を取り戻して、馬乗り状態から起き上がろうとしましたが、利用者は本能的に頭や首を抑えて殴り掛かるので脱出できずにいました。ここまで一瞬の出来事でした。

私は慌てて横から割って入ると、殴りかかってきたので、護道構えから腕を封じて背後に廻り込み、抱きかかえました。解放された支援員は顔面から血を流していたので、「ここは大丈夫ですから、他の利用者のフォローをお願いします！」といって離れてもらいました。そして、黙って利用者を抱きしめ続けていました。しばらくすると力が抜けたので、カームダウン用の部屋に誘導すると、自身の好きな絵本をもって部屋に移動してくれました。

その様子をちょうどお迎えにきていた保護者の方々が見ていて「凄いです！　○○くんは学校で一番大変な生徒で、先生も数人掛かりで抑えるしかないと言われていたけど……」「廣木さんが○○くんを抱きしめている間に穏やかな表情に変わっていくのがわかって、想いが伝わってるなって……」と言いながら目に涙を浮かべている方もおられました。

その後、支援員には技と共に関係性を重視した対応をとるように伝えたことで、施設内ではパニックを起こさなくなりました。

結局、技ありきでは、関係性は悪くなるばかりです。本当に大切なことは技を使わないで済むことであり、そこに繋げるための一時手段としての対応であることを理解する必要があります。

寝転んだ状態で上から抑え込まれた場合

馬乗りや柔道技でいう袈裟固め以外で抑え込まれるケースとして多いのが、覆いかぶさって抑えてくる横四方固めのような体勢です。

その際の対応として柔道やブラジリアン柔術で使用されているエビというエスケープ方法を使用しますが、護道ではその前に抑え込まれる力を一体化で封じておくことも指導しています。

支援現場での対応技術としては、場合によってはひっくり返さずに一体化を使って動きを封じて落ち着くまでやり過ごすことや、一時的にエスケープしてから側面に移動して背後からの

寝ている状態で上から抑え込まれた場合

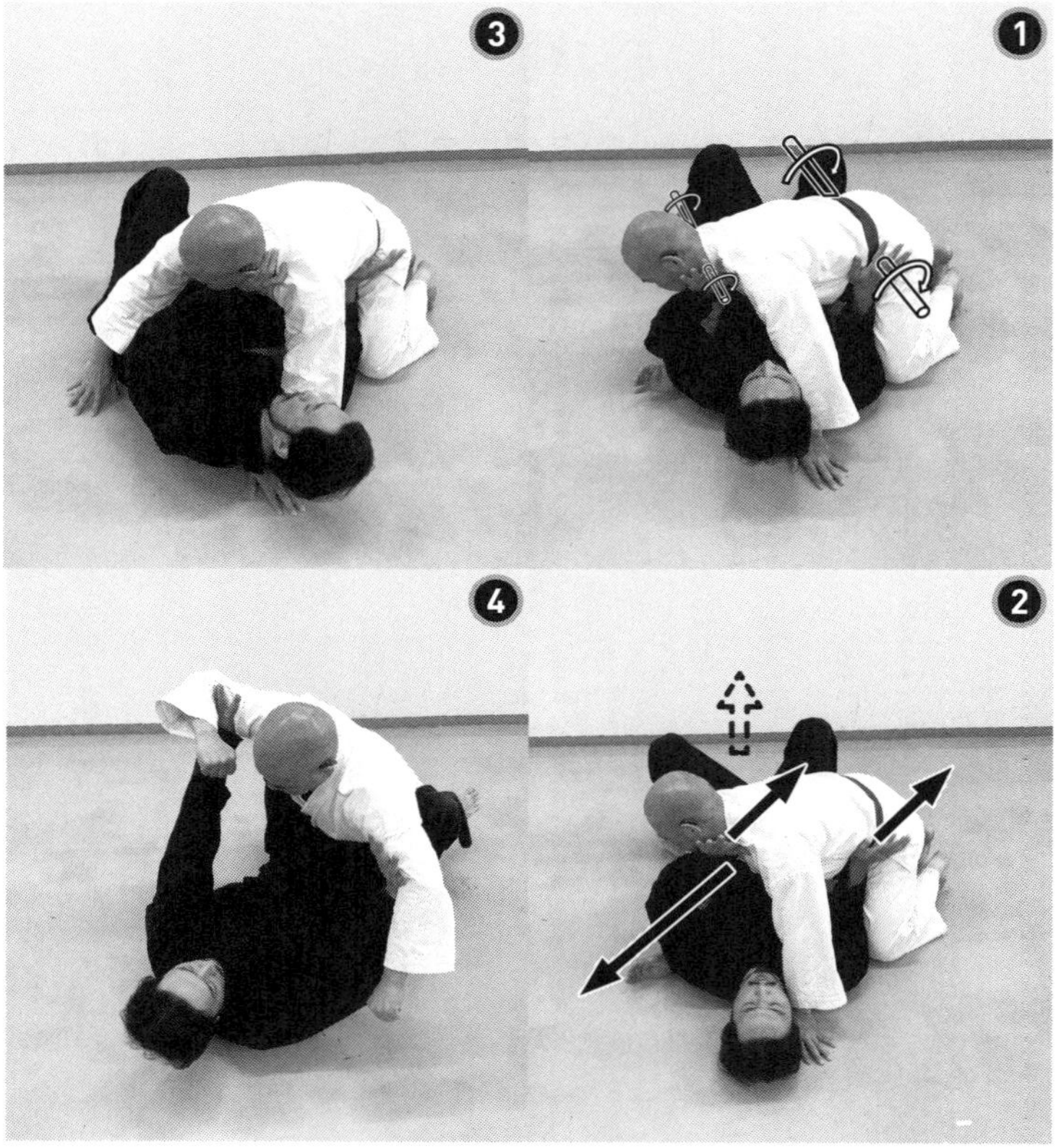

❶寝ている状態で上から抑え込まれた場合、まず噛まれないように相手の顎に触れて首の左右軸を止め、反対の手は腰の左右軸を逆回転して止めるイメージを通じて一体化し、上から圧力をかけられないように力を封じる。❷〜❸両足で地面を押して腰を上げて空間を作り、相手の腰から遠いほうの足の踵と手で、腰を抑えている側の肩を支点にして、手で相手を押しながら臀部を斜め上に抜き、相手の腰に近い側の膝を相手の腹部の下から潜り込ませる（柔道でいうエビの動き）。❹上体を戻して両足で相手の胴体を挟み込みながら、下から護道構えで両手を封じて一体化する。

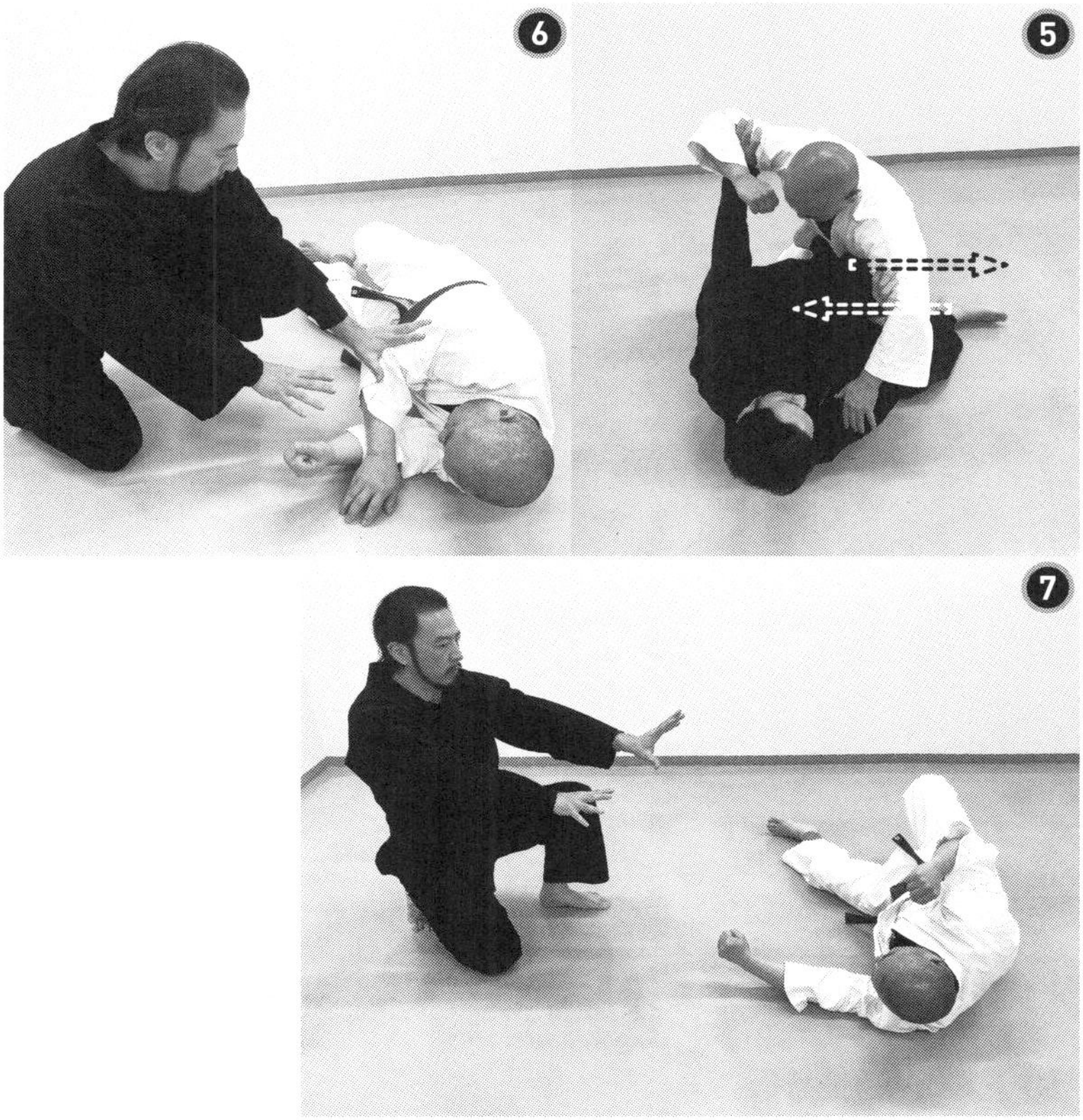

❺〜❼身体を横に向けながら相手のお腹の下に膝から下の足を入れて上半身を押し、反対の足で相手の足を刈るように引き付けることで相手をひっくり返してエスケープする。また状況によっては「抱きかかえ」に移行する。

「抱きかかえ」で落ち着くように促していきます。

座った状態で掴まれた場合

座った状態で攻撃された場合、胡坐であれば後方に倒れ込んで片肘や座位の構えから足を使って相手の踏み込んできた足を抑えて距離をとることで回避できますが、正座の場合は後方に倒れ込むことが難しく、そのまま掴まれてしまうことがあります。

座位での対応については、介護などの支援現場でもよくある状況です。基本的にはできるだけ正面に向き合わず、斜めの位置や横並びなど最初から安全なポジションを取っておくことが重要です。

また間合いが近いときは軽く相手の肘に触れて一体化しておくことができれば未然に防ぐことができますが、正面から掴まれてしまった場合は、すぐに護道構えをとるようにして相手に密着されないように防ぎつつ、接触点を通じて相手の肩が自分の手だとイメージすることで一体化して動きを封じます。そして、相手が押してきたり、引っ張ってきたりしたら、その方向の崩点《ほうてん》へ重心を誘導して臥位の状態で封じます（160〜161頁写真）。

崩点とは立位の状態で支点となる両足とそれを結ぶ支持線を四角の斜線として考え、支点の延長線にある四角形の角の部分になる位置で、その位置の方向へ重心を誘導することでスムーズに相手の体勢を崩すことができるポイントのことです。

座った状態で背後から首を絞められた場合

座った状態での対応は様々な場面が想定されますが、座位でも立位でも危険度が高いのは背後からの攻撃です。殴る蹴るや物で殴られるなどの打撃に対しては、基本的には死角になるので反応が遅れて防げないため、危険性を感じる状況では背後をとられないように自身のポジションを常に心がけておく必要があります。

また医療や介護現場などでパニックを起こす可能性がある対象者の支援にあたる場合は、支援者同士でお互いの死角を補い合うように連携をとっておくことも対策として有効です。そうした対応を心掛けていたとしても、油断して背後から攻撃を受けた場合も想定して護道では稽古しています。背後からの打撃以外で多いのは、衣服や髪の毛を掴まれたり、首を絞められたりすることです。

座位の状態で掴み掛かられた場合

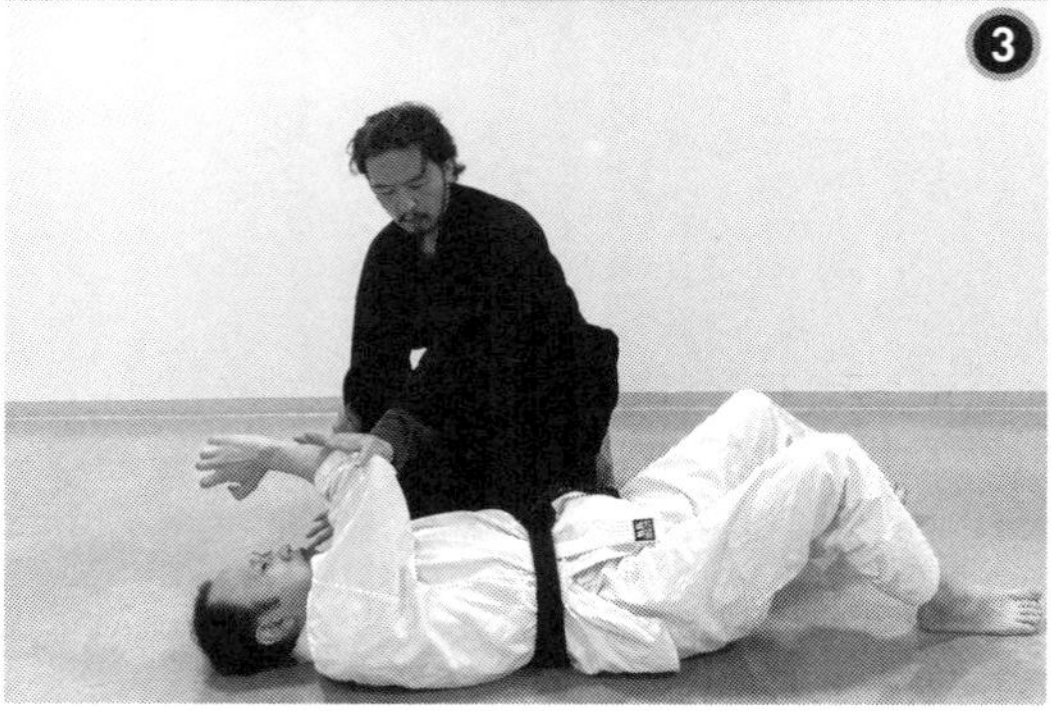

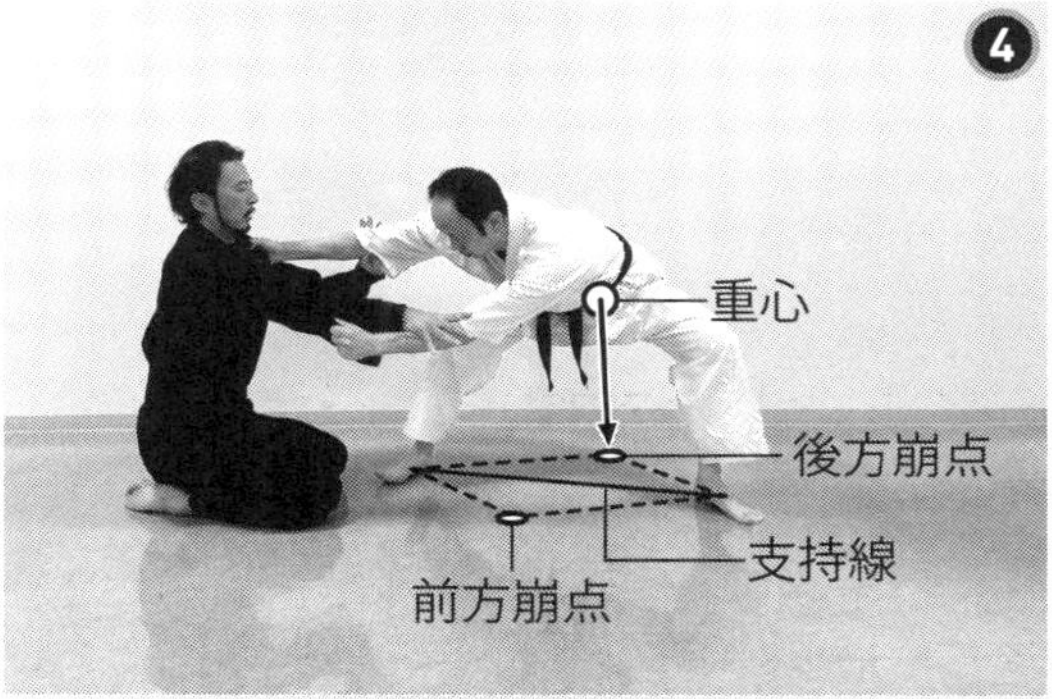

❶〜❷座位の状態で掴み掛かられた場合、護道構えで相手に触れて一体化して動きを封じる。相手が押してきた場合は前方崩点へ重心を誘導。❸相手を寝かせた状態で一体化。この後、回避、または「抱きかかえ」で落ち着くように促す。❹〜❺逆に相手が引っ張ってきたら、後方崩点へ重心を誘導する。以下の対応は前方への誘導と同じ。

首を絞められるケースではヘッドロックやフロントチョークのような腕で首を抱えるようにして絞められた場合の対応は紹介したので、背後から両腕を使って首を絞めてくるスイーパーホールドに対する対処法を紹介しておきます。この対応に関しては座位だけでなく、立位でも臥位の状態でも回避する対処方法は基本的に同じになります。とにかくまずは動脈や気道が閉まらないように確保することが重要です。

座位や臥位での対応でも重要なことは、これまでの実用法と同様に護道構えで攻撃部位となる手を抑えたり、お互いの身体が接触している部位から一体化していくことで力を封じていくことになります。

座位で背後から首を絞められた場合

❶座位で背後から首を絞められたら、首を絞めている腕の肘に手をかけて引き下ろして動脈の圧迫を防ぐ。❷同時に頭に手をかけている腕の肘を横にズラすように触れながら上に上げていく。❸そのまま腕を押して頭を抜くようにして「重ね抑え」。❹立ち上がりながら背面に廻り込み、❺背後から抱きかかえたまま、足で仙骨を押して座位へ誘導。❻一体化を用いた「抱きかかえ」で動きを封じながら、相手の緊張を緩和させていき、落ち着くように促す。

第9章

実用法・第五局面
凶器への対応

実用法の第五局面は、凶器を持った相手への対応を想定しています。

凶器を持つ相手への対応

ナイフや刀や棒や鞭やヌンチャク等々、世の中には様々な武器が存在していますが、そうした武器の種類にフォーカスしてしまうと習得に膨大な時間がかかり、また無数に存在する全ての武器術を覚えることは困難です。さらに武器の種類をピストルやライフルなどの銃器からミサイルなど戦争で使用される武器まで幅を広げていけば際限がなくなっていきます。

基本的な凶器に関する対応範囲として、武術家同士の腕試しや戦場での殺し合いを想定するのではなく、現在の日本の街中でのケンカにまきこまれた際の護身や、家庭や福祉・医療・教育など支援が必要な現場で、対象者がパニックを起こした際の対応など、日常生活でのトラブルを回避することを護道では想定して稽古します。

しかし、日常にある凶器となり得る様々な物の種類も無限とも言えます。そこで護道では武器（凶器）の種類ではなく、武器を使う際に行う動作の共通点を学習することで、様々な物を凶器として扱われた際に対応できるように指導しています。

打・突・振・投・縛

護道では「打《だ》・突《とつ》・振《しん》・投《とう》・縛《ばく》」という5種類の動作を学習します。それぞれの動きの共通点を理解することで、先ずもって安全を確保する「先制防御」を身につけます。また技術だけではなく、危ない所に近づかない、未然に危険物は取り除く、その場から離れ、警察に通報する、周囲にも危険を知らせる等も被害の拡大を防ぐ意味で重要な「先制防御」と言えます。

相手が暴漢の場合は距離をとって逃げることを推奨していますが、介護や教育や医療現場にて、生徒や患者などの対象者が物を持って暴れた状況では、被害の拡大を防ぐために介入が必要な場合があるため、お互いに傷つかないように誘導できるように稽古します。

その点を踏まえて、実用法・第五局面の対応例を参照してください。

対武器での様々な体験談

実際に凶器を手にした相手とのトラブルを回避した体験はいくつかあります。

介護士として働いていた施設で利用者が作業用の大きなハサミをもって、施設管理者の背中

突く・刺す動作への対応

❶無構え（護道構えをイメージした状態）で対峙したまま、❶′相手が武器を持って腕を伸ばした状態に拳２つ分ぐらいを足した距離から、❷武器を持っていない側にズレて間合いを詰める。同時に護道構えをとりながら相手の手に触れて動きを封じる。❸背面に廻り込み、武器を持つ手を封じながら、「小手捕り諸手封じ」。

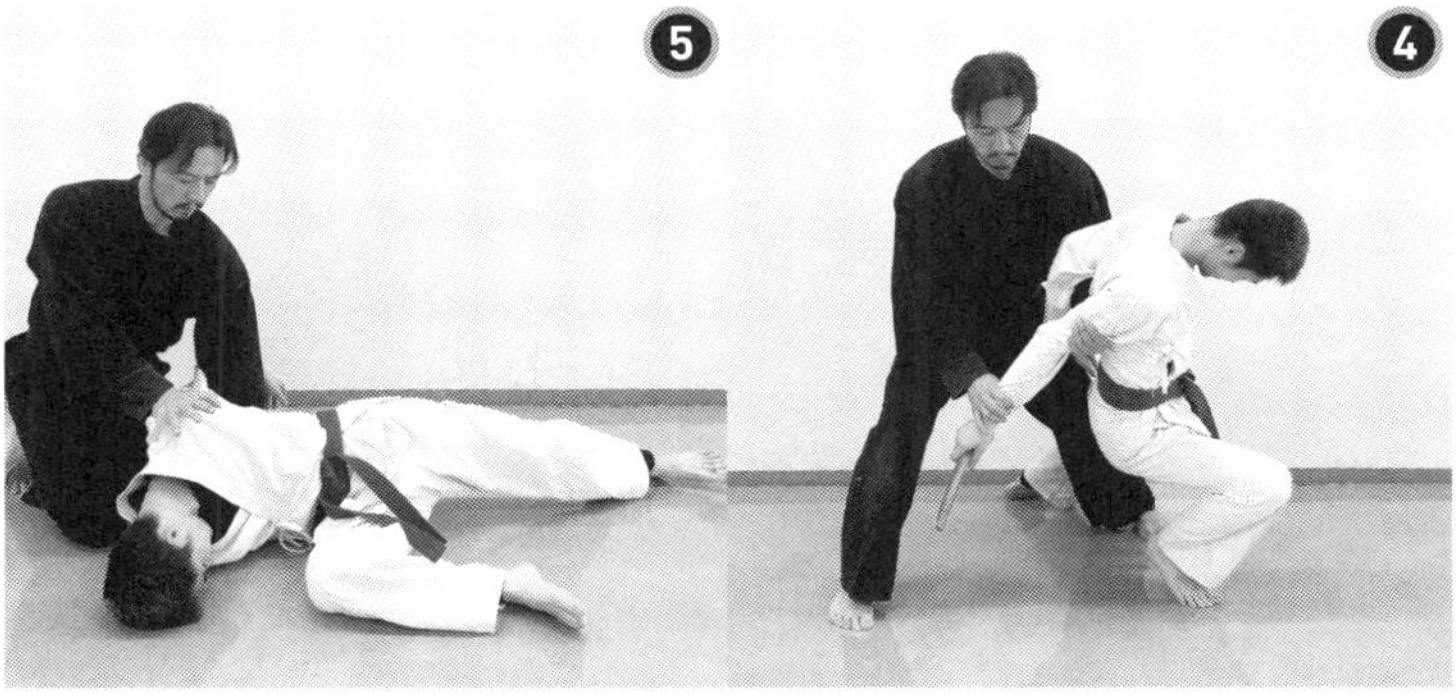

❹足を払いながら後方崩点へ誘導。❺一体化して動きを封じる。(A) 武器の持ち方によって動き出す位置（初動エリア）や動かせる範囲は限定されていることを理解しておくことで、先に相手の動きを封じて危険度を下げることができる。

(A) 武器の持ち方と初動エリア

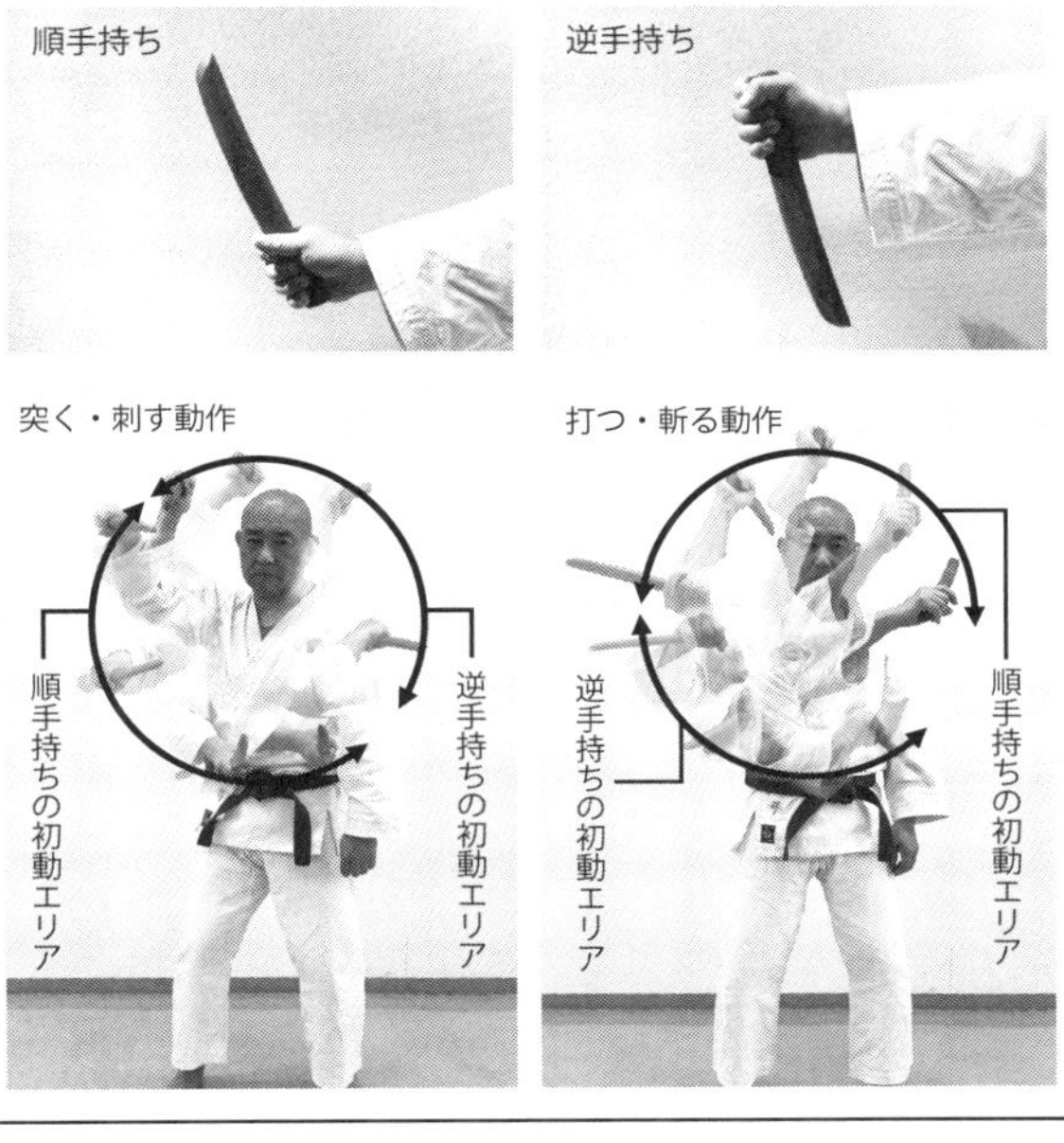

打つ・斬る動作への対応

❶無構えで対峙したまま、相手と繋がっているイメージを持ちながら、❷武器を持っていない側にズレつつ、間合いを詰める。それと同時に護道構えをとりながら相手の腕に触れて封じる。

をめがけて突っ込んでいく場面に遭遇して、咄嗟に側面から手を添えてベクトルを変えて背後から封じ、座らせて刃物を抜き取り、落ち着かせたこと。障害のある若い男性利用者がパニックになり、鉄製の棒を振り回して殴りかかってきた際に、間合いを詰めながら背面に廻り込み、仙骨を抑えて座位へと誘導して、落ち着くまで抱きかかえていたこと。ストーカー被害にあっている女性から相談を受けて交渉の場に同席した際に、興奮した男性が包丁を手にして振

❸

❹

❺

❻

❸背面に廻り込み、武器を持つ手を封じながら、「小手捕り諸手封じ」。❹足を払いながら後方崩点へ誘導。❺武器を足（刃物の場合は靴を履いた状態）で踏んで奪取する。❻一体化して動きを封じる。

振り回す動作への対応

り返った瞬間に、その手を掴んで一体化して動きを封じたこと、等々。

こうした咄嗟の際に技や知識を活かせるかどうか？については普段からの「先制防御」の心がけと技術の定着度、そして経験知によって変わってくると感じています。知識を得るとともに、先に異変に気付く能力や無意識に反応できる身体を、稽古を通じて身につけていくことが大切です。

❶相手と繋がっているイメージを持ちながら無構えで対峙し、斜め上から振り下ろしてきたら、❷武器を振り切った反対側にズレつつ間合いを詰める。❸護道構えをとりながら相手の腕に触れて封じる。

❹

❺

❻

❹背面に廻り込み、❺武器を持つ手を封じつつ、「小手捕り諸手封じ」。足を払いながら、怪我をしないように支えつつ後方崩点へ誘導。❻一体化して動きを封じる。

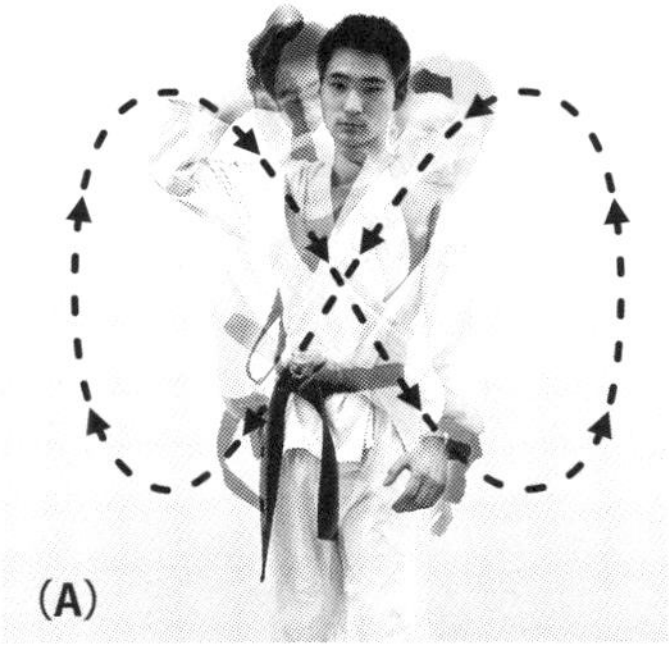

(A) ロープなどの紐状の物を武器として使う際は振り回している間だけ安定するため、∞状に動かすことが基本になることを理解し、間合いを詰めるタイミングを計る。

自他護身 Episode 8

自転車を投げる男性への対応

大阪市内のある通りで、路上に駐輪している自転車を投げている体格のいい若い男性に遭遇したことがありました。

その男性の側には若い女性がいて、どうやら男女はカップルのようで、男性は女性に対して怒鳴りながら、自転車を持ち上げては周囲に向かって投げており、その投げられて倒れた自転車で道が塞がっていました。周囲の人々は避けるようにして見て見ぬふりをして回り道をされており、女性は通りに面した建物の壁際で怯えた表情で直立したまま、固まっていました。

私と同じく側で立ち止まっていた通りすがりの男性は「今さっき警察には通報した」と言っていました。しかし、警察が到着するまでに、このままエスカレートしたら、通行人に自転車が当たって怪我をされる危険性や女性へ危害を加える可能性を感じました。

そこで、いきなり注意をせずに、道を塞いでいる倒れた自転車を一人で片付けはじめました。私の行動に対して男性は自転車を担いだまま一瞬動きを止めて「何や!」と声をかけてきたので、「いや〜、すんません。通れないから片付けてるんです」と言うと、「それ、お前のチャリ（自転車）なんか！」と言われたので、逆に「これはお兄さんの自転車ですか？」と返すと、一瞬沈黙しました。そして、再び「何や！ お前、喧嘩うっと…!?」と男性が言い終わる前に、パッと一気に目の前まで近づき、持ち上げている自転車に触れて一体化して投げつけられないように動きを封じたまま、「だから通れないから片付けてるんですよ！」と言うと驚いて固まっていました。

そこから自転車をゆっくりとおろすように誘導すると、男性は自転車から手を離したので、その自転車も道の端に並べ直すと男性は舌打しながら道路の反対側に走って逃げていきました。

「他人の自転車に当たるなんて、しょうもない男やなぁ〜」と壁際で固まっていた女性に伝えると、ハッとした表情をして数回すばやくお辞儀をされてから、走って男性を追いかけていかれました。

その後、「（カップルに対して）自転車片付けていけよ…」と思いながら、周囲の方々と自転車を片付けてその場を立ち去ると、入れ違いでパトカーが現場のほうへ向かっていきました。

私は今度、同じようなことがあったら、ブルース・リーの映画『燃えよドラゴン』のセリフをアレンジして、「〝自転車は反撃しない〟と言ってやろう……」と思いながら帰宅しました。

さて、こうした対応ができたのは実用法で示している有効な攻撃範囲や武器の動きの特性を知っていたことが大きく関係しています。実際には最初の自転車を片付けている段階で相手との間合いを測っていました。相手の暴言を通じて呼吸の吐き終わりと吸い始めの瞬間を狙って攻撃エリアをズレながら、一気にパーソナルスペースに入ることで脳を混乱させ、同時に触れて一体化することで思考と動作をフリーズさせて興奮状態を解除したわけです。

このように、自他護身のコンセプトに基づく対応こそが「護道」の技術であり、言い換えれば、見える「技の形」ではなく、その「思考法」を身につけることが稽古の目的と言えます。

実用法は基本から生み出された参考例

実用法は、言い換えると「この場合は、こういう方法がある」という一つの参考例です。実際に自他護身が必要な現場では、状況は常にランダムに変化していくため、実用法で示した形の通りにはいかないこともあります。そのため、単なる手順や形を覚えただけでは、あくまでも使用例を頭で記憶したに過ぎず、そこに護道の本質はありません。

投げる動作への対応

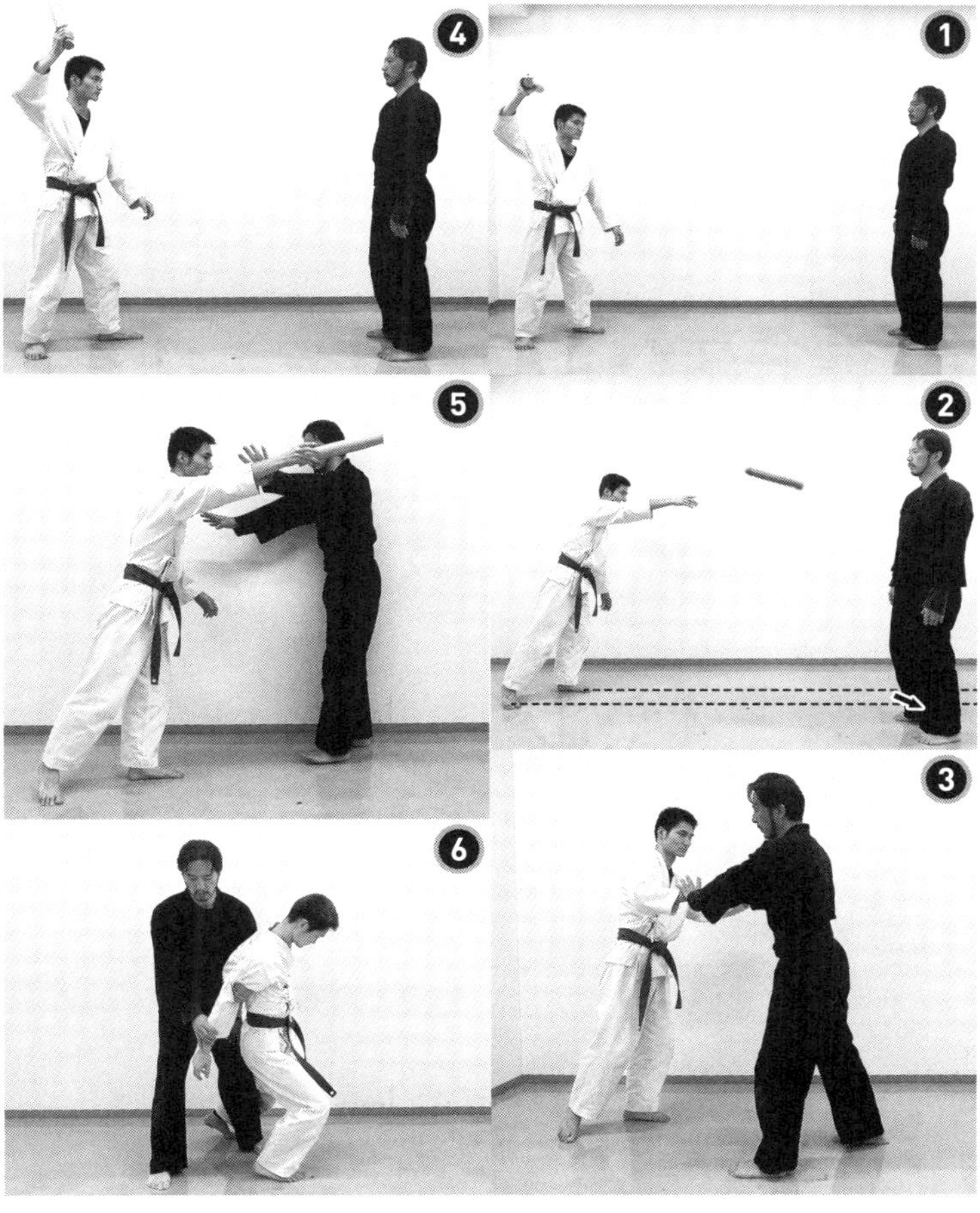

❶距離がある際は、相手と繋がっている意識をもって対峙しながら、遅く動くと物を当てられ、早く動き過ぎると動いたほうへ軌道修正されるため、動き出しに反応する。❷相手が目標を認識して動き出すのと同時に横へズレることで投げてきた物から回避する。❸すぐに歩み寄って護道構えで封じる。その後の動きは他の実用法と同じ。❹～❻相手との間合いが近い場合は、投げる前に間合いを詰めて封じる。

絞める・縛る動作への対応

❶背面から紐状の物で首を絞められそうになった場合、理想は絞められる前に親指（手）を掛けて防ぎながら、背後でクロスしている上になっているほうの腕（または紐）を掴んで上に押し上げる。絞められる間に親指を掛けられなかった場合は、背後の紐を掴んで押し上げつつ、振り返りながらもう片方の腕でも紐を掴んで絞められないように防ぐ。❷そのまま振り返り、❸腕を押し上げて首に掛かっている紐を抜き、❹側面から「重ね抑え」で封じる。その後の対応はケースバイケースであるが、基本的には他の実用法と同じ。

実用法で示された技は、その時々に合わせた一時的な現象をケーススタディとして形にしたものであり、無限に増やすことが可能です。ですから、その「形」に執着すると核となる本質を見失います。

大切なことは基礎となる部分にあり、それは実用法の前段階である錬成法と検証法の鍛錬にあります。錬成法で自身の身心を整えて、検証法で相手と一体化して調和する稽古を通じて、瞬間的に自他が一体となれば動きそのものが技となり、実用法の「形」に拘る必要はなくなります。

ただ多くの初心者には錬成法と検証法だけでは抽象度が高いため、「実際に使用する際はどう応用すればいいのか？」という技の手掛かりを想像できず、不安になる人もいるため、本質を掴むためのステップとして実用法を稽古体系に取り入れています。

第10章

護道型と一体化からの無力化

護道型

錬成法の中には、自他護身のために生み出した「護道型」があります。

本書で紹介してきた実用法の「形」は全て「護道型」がベースとなっています。「型」は上達を導く道標となるものです。つまり、実用法の様々な「形」が表現された一時的なフォームであるのに対して、「動く錬成法」ともいうべき存在の「護道型」はそのフォームを無限に生み出すことができる全ての原型ということです。

その「護道型」は全部で5種類あります。本書では、「先制防御」の戦略を表している最も重要な「壱ノ型」を紹介しておきます。

一体化からの無力化

また、「型破り」という言葉があるように「一体化」による自他の調整感覚を身につけることができれば、「型（形）」から解放（無意識に自動化）されます。それは「動けば即技」となる状態のことです。つまり、護道では先制防御から相手に触れて「一体化」を用いて瞬間的に

護道・壱ノ型

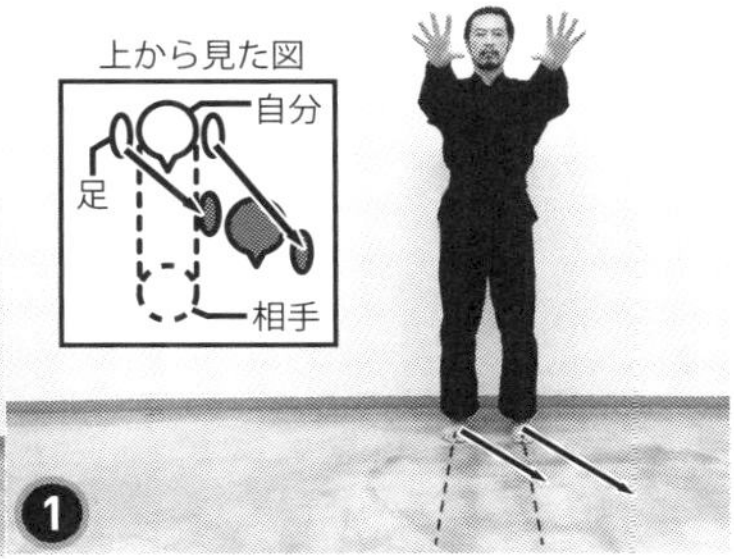

❶護道構えから正面に仮想の対象者がいると想定して身体一つ分ズレながら、❷一歩前進する。❸差し手と差し足と身体を対象者に向け、奥手を下げる。❹奥足を一歩引いた状態で、差し足と同じ向きに揃えて姿勢を整える。❺両足を揃えた状態で横に向きながら護道構えをとる。護道型は錬成法で養った身体感覚が動作を伴っても維持できるように練り上げていく鍛錬法でもある。壱ノ型は護道の戦略である先制防御を表している要となる型である。

調和してしまえば、その後は動けば即技となるため、実用法で示してきたような「形」に拘る必要はなくなります。そうなったとき、はじめて護道の技術が身についたと言えます。

さらに一体化した状態（感覚）を維持したまま、イメージや呼吸を用いて自分の力を抜くことで、つられて相手の力が抜けるように誘導する「無力化」という技術があります。この「一体化」からの「無力化」によって身体の緊張状態を緩和させることは、福祉・医療・教育現場でパニックを起こした対象者を落ち着かせる際に用いる支援介助法の対応技術である「抱きかかえ」の中で多用しています。

また「無力化」を使いこなせば、対多数の際にも活用することができます。無力化によって相手の力が抜けるメカニズムを簡単に説明すれば、腕相撲でお互いに拮抗している際に、こちらが腕の力を急に抜けば腕相撲の勝負には負けますが、相手は押し返す対象の力が急に無くなるので、つられて力も抜けてしまう状態に似ています。まさに「負けるが勝ち」で、力を抜くという目的は達成できるわけです。護道の理念は自他護身であり、とくに福祉現場でパニックを起こしている対象者は敵ではないため、対立思考ではなく、むしろ勝ちを譲ることで調和するコミュニケーションツールとして活用して頂いています。このことは武道として他に類を見ない護道の特色と言えるでしょう。

自他護身 Episode 9

鉄道駅でのトラブル対応

喧嘩の仲裁で無力化を活用したエピソードを紹介しておきます。

その日はある大学での講座の懇親会の帰りでした。

大阪の難波駅にて参加者の方々と別れた直後の電車のホームで年配の男性と金髪の若者が喧嘩口調で怒鳴り合い、一触即発状態の現場に遭遇しました。年配の男性が、若い金髪の男性に因縁をふっかけているようで、周囲の人は眉間にシワ寄せながらトラブルに巻き込まれないように離れていました。

このまま、ほっておいたら殴り合いの喧嘩になりそうだったので、ス〜ッと近寄って、いきなりスマホで写メをパシャリ！と撮りました。そのことで睨み合う二人の視線の照準は私に切り替わりました。

「おぉ〜？　何や！　オマエ〜！」と年配の男性が私に言ってきましたので、「あ〜ごめんなさい。操作ミスったな……。え〜っと、それより先輩、どうされたんですか？」と言い返すと、金髪の男性が「何？　この人、知り合い？」と言ってきたので「いやいや、全然、知らん赤の他人ですが……あ、すみません、お兄さん、ちょっといいかな……」といいながら、やや背中を向けるように促しました。

そして耳元で「私、介護士をしているのですが、高齢者の対応に慣れているので、ここはちょっと代わってもらえませんか？」と小声で言いました。金髪の男性は「え!?」と言って驚いた表情をした後、肩のチカラが緩むのが分かりました。

すると年配の男性が「なんや！」と言いながら近寄ってきたので、私は振り返りながら護道構えで年配の男性の腕に軽く触れて一体化で動きを封じつつ、「先輩、すみません！　今日は飲み会の帰りかなんかですか？」と声をかけると「答えん！」と言っていました。

するとホームに電車が到着したので、「あ、電車来ましたよ。乗られますよね？」と言いながら、軽く仙骨に手を添えながら重心を誘導して一緒に乗車しました。そのやりとりを見ていた金髪の男性は黙って隣の車両へ移動してくれました。

車内に入ると、年配の男性が「おまえのやっとることと、証拠とったる！」と言いながら、携帯電話を取り出して、何故か私の写真を撮っていました。私はその行為には反応せず、ちょうど後ろの座席が一つ空いていたので、相手の腕に軽く触れて一体化してから身体の力を抜くことで無力化して誘導すると、男性は抵抗することなく座席にストンと座られて拍子抜け

先制防御から無力化による崩し

❶対峙した状態から、❷護道構えで接触して一体化する。❸～❹無力化しながら重心を誘導すると相手は崩れる。実用法で紹介してきた技術も「一体化」が使えるようになれば、「動けば即技」になるため「形」から解放される。そのことをわかりやすく伝えるために、今回は「崩し」を用いて表現しているが、本来、護道では一体化しても崩さずに相手の力を発散させたり、怪我のないように心掛けて、抱きかかえながら誘導する。

したような表情をされていました。

ふと年配の男性が持っている紙袋にお酒が入っていることに気付いたので、「あ！　それお酒ですよね！　やっぱり良い酒があると嬉しいですね！」と話しかけると無言で頷いていました。さらに「先輩、ちょっと酔っておられますよね？　私もさっきまで飲み会でした。めっちゃ、いい飲み会でしたよ！」と言うと表情が和らいでいました。

しばらくして、ある駅に着くと年配の男性が席から立ち上がったので、「先輩、おつかれさまでした。お気をつけて！」と声をかけると「おぅ！……世話かけたな！」と言って、最後は手を振りながら笑顔で電車を降りていかれました。

言い争いの場面に遭遇した当初は「明らかにおじさんの口調は悪いよな……周囲の人は金髪の男性に殴られても仕方ないって思って通り過ぎているのかもな……」と思いましたが、同時に「このおじさんにも何かあったときに悲しむ家族がいるかもしれないな……」と考えると、無視して通り過ぎることはできませんでした。

最終的には喧嘩の仲裁よりもボランティアの介護業務みたいになりましたが、誰も怪我せずに済んで良かったと思った出来事でした。

接触状態から無力化による崩し

❶胸倉を掴まれて反対の手で殴られそうな状態から、❷～❸触れている腕を通じて一体化し、無力化しながら腕を下げると相手は崩れる。一体化や無力化の理解が深まれば、「動けば即技」という状態になる。

密着状態から無力化による崩し

❶二人掛かりで組み付かれた状態から、❷〜❹身体に触れている部分を通じて組み付いている二人と一体化し、そのまま身体を方向転換しながら重心を誘導すると、組み付いている人も巻き込まれるように崩れる。

馬乗り状態から無力化による崩し

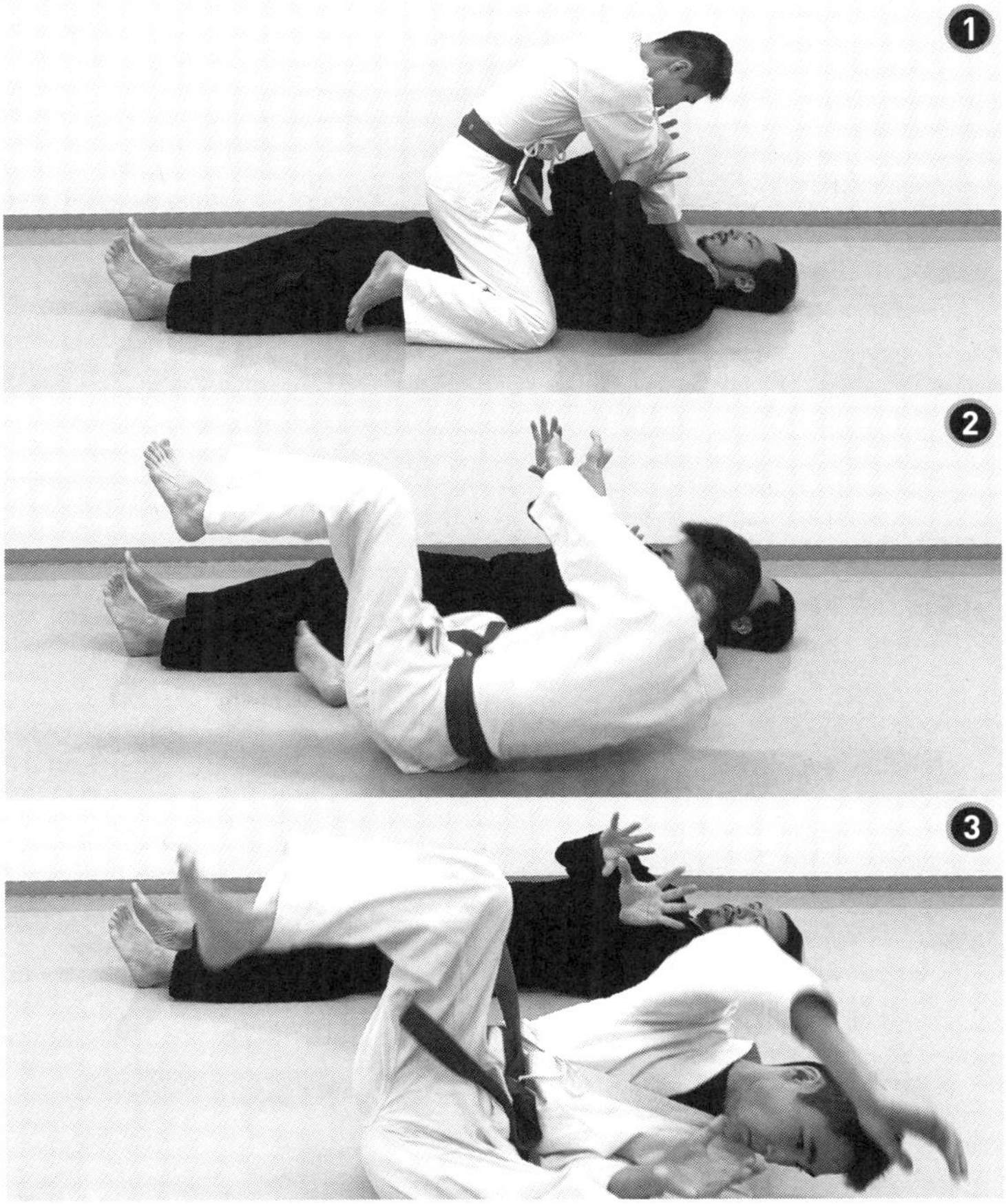

❶馬乗りになって首を絞めようとしている状態から、触れている腕を通じて一体化すれば首を絞められなくなる。❷〜❸そのまま腕を横に払うと、相手は耐えきれずに崩れる。

無力化を用いた抱きかかえ

❶パニックを起こしている相手に対して、護道構えを交差させるイメージで腕を前に伸ばすようにして抱きかかえながら一体化で封じる。後頭部で頭突きをされないように頭を密着させておく。❷時折、瞬間的にこちらの力を弛めることで、相手の抵抗する力を抜いて「無力化」する。再び力を入れてくる前に抱きかかえて一体化しながら圧迫する。❸緊張（抵抗状態）と弛緩（解放状態）を繰り返すことで、リラックス状態へと導いて落ち着かせる。

自他護身を極める

２０２１年からテレビ出演、書籍やＤＶＤ出版、法人化など、護道は大きく変わりました。その中でも最も変わったのが稽古体系と指導方法でした。法人化以前の道場では学校の一斉型授業と同じく、一人の指導者が前に出て指導を行うスタイルでした。これまで「新しい概念を提唱する護道は技ではなく考え方を学ぶもの」「理念に基づいて技術は常に進化していく」「共存社会へのパラダイムシフトを起こすためのツールである」と伝え続けてきましたが、新しい術理であるだけに一方的な指導では護道の本質が伝わっていないことに気付きました。

そこで従来の師範制度によるトップダウン形式を撤廃して、道場生同士で技を教え合いながら能力を高め合っていくアクティブラーニング形式の稽古体系に切り替えました。結果として、道場生の術理の理解度が深まり、理念に賛同する新しい道場生がどんどん増えていきました。女性の道場生も増えて道場内には笑い声が響き、雰囲気がガラッと変わりました。

また、護道の活動も国内の著名な方々から高い評価を頂き、海外からの来訪者も現れるようになり、ヨーロッパの医療組織への指導も行うようになりました。今、道場には仕事や育児など、それぞれの生活の中で護道の理念を実践されている優秀な道場生たちが育ってきています。

私自身も道場での指導に加えてマスコミの取材、セミナー、個別指導、新しい書籍の執筆依頼もあり、身体がいくつあっても足りない状況ですが、そんな日常を楽しんでいます。

性別や人種を超えて笑顔で学び合う道場生たちの姿を見ながら、護道の道場は稽古体系そのものが「お互いを尊重し合う自他護身」である必要性を改めて感じました。

日本で生まれた自他護身の術理を極めた護道家たちが世界中を笑顔に変えていく……そんな共存社会へのムーブメントが巻き起こっていくことを確信しています。

ここまで本書をお読み頂き誠にありがとうございました。

また本書を制作するにあたり、お世話になった出版社の皆様、支えてくれた家族、協力してくれた道場生をはじめ、関わりのあった全ての方々に感謝です。ありがとうございました。

そして、最後に親バカな一言をお許しください。偉大なる師である最愛の息子へ。あなたのおかげで護道を創始することになり、様々な人との出会いを通じて、人生がより豊かになりました。私の息子として生まれてきてくれて本当にありがとう！

笑顔で学び合う稽古風景

互いに学び合いながら成長していく護道の稽古では、道場生同士で真剣に取り組みながらも、思わず笑顔になり、笑い声が響き渡ることもある。互いを尊重しながら修行に励む稽古体系にも自他護身の理念が宿っている。

特別編

実用での様々な動きに対応するための訓練法

何故、人は暴れてしまうのか？

人は危機的な状況に直面すると生き残るために腹側迷走神経系、交感神経系、背側迷走神経系が順番に発動すると言われています。

腹側迷走神経系の段階では、まだ相手と話し合いでの解決を試みるゆとりがありますが、それを通り過ぎると交感神経系が「闘争」か「逃走」の選択を迫り、最後は背側迷走神経系の「凍りつき」という反応を起こしてしまいます。

つまり、パニックを起こしている段階の脳はニューロセプション（安全を神経系の働きによって非意識的に判断する機能）が危険を察知して、「闘争か、逃走か」に集中している「サバイバルモード」だといえます。このとき身体の血流は手足に優先的に流れ、消化吸収、排泄、成長や修復機能も一時的にシャットダウンして、戦ったり逃げたりするために手足の筋肉にエネルギーが集中していきます。視覚は一点に集中するトンネルビジョンになり、聴覚は危険を知らせる特定の音に集中するようになり、前頭葉（論理的な思考を司る脳）への回路も閉鎖されます。

たとえるなら、パニックを起こしている子どもたちや大人たちは、目の前に猛獣が現れたような恐怖の中で「闘うか？ 逃げるか？」の選択を迫られているサバイバル状態なのです。

そんなパニック状態のときに言葉で諭そうとしても効果は薄く、さらに自分を守るために暴言を吐いている相手に対して感情的になって言い返しても、かえってパニックが強化されることになります。

また人間は不安になると脳内物質のノルアドレナリンと同時にアドレナリンが分泌されるため、心拍数が上昇して血液が循環することで落ち着かなくなります。それは脳が何らかの行動を起こすように催促しているためであり、暴力を振るったり、時に自身を傷つけてしまうのは脳を落ち着かせようとしているからです。

どうすれば落ち着くのか？

セロトニン、ドーパミン、オキシトシンは幸せホルモンと呼ばれており、落ち着いている状態は、これらのホルモンがバランスよく分泌されているときでもあります。

パニックに関しては興奮やストレス感情の暴走を抑えるセロトニンは重要といえるでしょう。セロトニンの体内での割合は腸が90％、血液中に8％、脳内は2％であり、セロトニンを増やすのは腸内細菌であることから、腸を整えると心が落ち着くとも言われています。食事のバランスを考えながら、セロトニンの前駆物質であるトリプトファンを含む食材を増やしてみることも一つの方法といえるでしょう。他にも運動する機会を増やすことや太陽光を浴びることでもセロトニンは分泌されます。セロトニンは夜にメラトニンに変わるので睡眠の質が向上します。その結果、生活リズムが整えば落ち着くようになっていくでしょう。

「ドーパミン」は快感や多幸感、意欲、運動調節に関連する機能を担う脳内ホルモンであり、運動や勉強など実際の行動で側坐核から分泌されています。

「オキシトシン」は、心に安らぎを与え、気持ちを前向きにするホルモンと言われています。親子や家族で手をつないだり、抱っこしたりするスキンシップやペットとの触れ合い、友人との楽しい時間を過ごしたり、また仕事やボランティアなど他者貢献をして感謝されるなどもオキシトシンの分泌に繋がります。

こうしたオキシトシンの分泌も踏まえて護道ではパニックを起こしている相手を力で押さえつけて制圧するのではなく、一体化を使って繋がり、抱きかかえて落ち着くように誘導しているわけです。

障害児（者）のパニック対応の際は、不安や恐怖と対峙している相手の脳の状態を踏まえて、まず自身の身心を整えて向き合い、時には自他護身の技を用いてパニックでは要求は伝わらない（通らない）ことを示しつつ、緊張を緩和していくことで安心感を与えて信頼関係を構築しながら、共存のための手立てを伝えていく必要があります。

ランダムな動きに対応するための感覚稽古

護道では実用での様々な動きに対応できるように、近い間合いで一体化して相手の動きを封じるための「手解き」、手を伸ばし合った距離から間合いを封じる「手合せ」、腕を掴んだ状態から主に蹴りを封じて側面や背面に廻り込む「手捌き」、逆に相手に腕を掴まれたところから一体化して逆転する「手掴み」、離れた距離からの攻撃をシミュレーションして封じる「手探り」という「訓練法」があります。

これらの「訓練法」は他の武道でたとえるなら限定した組手や乱捕に相当しますが、競技武道や格闘技のように攻防を自由に行い、その優劣を競うものではなく、正しく行えば護り手（防御側）の一方的な展開になるように設定されています。それは、あらゆる状況において先に一体化して相手に何もさせない先制防御の感覚を身につけることが稽古の目的だからです。

手解き（てほどき）

❶両足を揃えて肩幅ぐらいに開いて立ち、お互いに相手の胸に手が届く位置で距離を合わせる。軽く腕を曲げてお互いに右手が相手の腕の外側にくるようにして腕を合わせる。この状態から攻め手は首下から腰上までの間を自由に押すことができ、護り手は手を払ったり、腕を掴んで防いだりすることができ、お互いに足の位置が動いたら仕切り直しという決まりの中でランダムな攻防を行う。❷攻め手の攻撃を受けようとすると押し込まれたり、❸捌こうとすると従来の競技武道や格闘技のような攻防になりやすい。❹護り手は腕を交差している時点で一体化を用いる。❺開始の合図と同時に護り手は護道構えをとって先に動きを封じてしまえば、攻め手は何もすることができなくなる。「手解き」は触れた瞬間に一体化する感覚と近距離での先制防御を身につけるための訓練である。

手合せ（てあわせ）

❶お互いに腕を伸ばして、攻め手の拳に対して護り手は開掌で指先を合わせる。この距離が見切りの基準となる間合いである。❷攻め手は脚を一歩引いて構えた後、突き蹴りなど自由に攻撃でき、護り手は攻撃されないように間合いを詰めることを目的とする。❸しかし、相手が構えてから受けたり、躱そうとすると攻撃されやすい。❹「手合せ」の状態で既にお互いの腕が繋がっているとイメージして一体化しておく。❺〜❻相手が構える前に間合いを詰めて腕を封じてしまうと、相手は何もできなくなる。競技武道や格闘技ではないので、お互いに準備ができるまで待つ必要はなく、「手合せ」の訓練によって間合いに入ったら先制防御で先に封じる感覚を身につける。

手捌き（てさばき）

❶護り手が攻め手の両腕を掴んで封じている状態で、攻め手は位置を変えず、足で自由に攻撃する。❷腕を掴まれた状態で蹴る場合、お互いの中間となる位置に膝が必ずくることになる。❸→❺そのため、先に膝を上げて蹴りを防ぐ「膝止め」を用いてから腕を捌いて側面に入ったり、❹~❺股関節を見ながら足が動いた瞬間に、動いた足側の腕を捌いて側面に入る。❻その後、背面まで廻り込む。また別バージョンとして、掴まれた腕を振り解こうする動きに合わせて前に進んで側面や背面に廻り込む稽古も行う。

手掴み（てづかみ）

❶

❷

❸

❹

❺

❶向かい合った状態で、攻め手は自由に相手の手を掴んで攻撃を仕掛ける。稽古では、できるだけ様々な掴み方を行う。❷もし護り手の動きが止まっていたら、攻め手は空いている手で寸止めの突きを出して危険を知らせる。❸護り手は、掴まれた瞬間に一体化を心掛け、護道構えをとる癖をつける。❹～❺「腕封じ」に繋げて側面や背面のポジションをキープする。

手探り（てさぐり）

❹

❺

❻

❶離れた距離から攻撃を限定して攻防を行う。❷手合せで間合いの感覚を養っていなければ出遅れて攻撃を受けてしまう。❸対峙した状態から、❹〜❻ズレながら間合いを詰めて先制防御で相手を封じて誘導する。「手探り」はシャドーボクシングのように単独で行う練習もある。目的はあくまも技を学びながら技を使わずにトラブルを収束することにある。それには心のゆとりも必要であり、その胆力を得るための稽古である。

自他護身 Episode 10

脅しをかけてきた悪質業者の用心棒

過去、法の抜け穴をついた風俗施設を建設した悪質な業者とトラブルになったことがありました。今回はその間に起きたエピソードを記載しておきます。

ある日、スーパーで買い物して家に向かって自転車で走っていると、道端で突然「ゴッラァ～ッ！　オドレエ～～ッ！」と見知らぬ男性に大声で怒鳴られました。ビックリして自転車を止めると怒鳴っていた男性を含めた数人が、じっとこちらを睨んでいました。

「何ですか？　突然？」と言うと、男性は「うろちょろしやがって偵察しとんのか!?　営業妨害や！」と言い出しました。「どなたですか？」と言うと「ワシは、ここ（脱法施設）を守るために雇われたんや！」と言い、男性は新しく雇われた施設の管理人とのことでした。

しかし、話し方や柄の悪さから反社会的な人物のように感じました。

「いきなり怒鳴り声を上げるのはおかしくないですか？　ここは生活道路ですから、家に帰る途中だっただけですよ。警察を呼んで話をしましょうか？」と言うと「おお～、呼べ！　呼べ！　早よ、呼べや！」と言い、さらに「オマエ、なんか（武術）やっとるらしいのぉ～！」

「どこ住んどるかもワシら知っとんねんぞ！」と言うので「それは脅しですか？」と言うと「脅しとるのはオマエやろ？　暴力でも振るうんか？　おぉ～！」と言いながら、胸を張った状態で間合いを詰めてきました。

しかし、男性は睨みながら間合いを詰めるだけで何もしてこないので、もしかして、こちらに手を出させようとしているのではないか？と思うと、この芝居がかったヤクザ映画のような展開がおかしくなり、吹き出してしまいました。

すると、その瞬間、男性は目を丸くして上体を仰け反らせつつ、ザッと足音を立てて後退りしました。どうやら私の場違いな笑顔は相手の脳に混乱を与えたようでした。戦意を削がれた男性は捨て台詞のようなことをブツブツいいながら施設に戻っていきましたので、私はすぐに近くの警察署に行って事の次第を報告しました。

数日後、業者側にその一件について問い詰めると「彼（男性）は突然、辞めて連絡もとれないので確認できない」といってシラを切っていました。おそらく、脅迫というあからさまなヘマをして警察に通報されたため、男性はクビになったのでしょう。

結局、その業者とのトラブルを通じた活動を続けていく中で、性犯罪に巻き込まれる子どもたちがいる全国規模の問題であることを知り、有志と共にＮＰＯ法人を立ち上げて風営法の改正を求め、衆議院と参議院の会館で訴え、国会で取り上げてもらうことになりました。そして、警察庁有識者会議に参加し、改正風俗営業法の施行につなげ、未成年者を犯罪に巻き込んでいた場所は警察によって一斉摘発され、最終的に悪質な脱法業者は地域から撤退していきました。つまり、子どもたちを守るために法律で環境に線引きをしてもらい、バランスを取ったということです。

私にとっては護身という概念が身の回りの対応だけでなく、自身の住む地域や国、そして世界まで含めて広く考えるきっかけになった出来事でした。

他者を変えようとするのではなく自身の在り方を変える

これまで紹介してきた様々なエピソードのやり取りの際に私が冷静でいられたのは、自他のバランスを取る護道の稽古を続けてきたおかげであることを確信しています。

道場では自他のバランスを取るためのたとえとして「二人立の獅子舞」を演じるようなイメージで指導することがあります。獅子舞も頭（相手）と尾（自分）が、それぞれに動けば衝突や分裂をして一体感が無くなり、シシマイがオシマイになってしまいます。しかし、自身の在り方にフォーカスして、獅子舞として一体化でバランスを取り続けていけば、無理なく相手を導くことができます。

こうした「他者を変えようとするのではなく、自身の在り方を変えることで結果が変わる」ことは技だけでなく日常の様々な場面においても共通しています。

何か不都合なことがあったとき、誰かのせいにしても状況や問題は解決しません。変えるべきは相手ではなく、自身の「在り方」なのです。

護道の稽古を通じて、自身の在り方を整えることで相手を落ち着くように誘導し、最終的に技を使わず、場を収められる人が増えていき、穏やかな社会へ繋がっていくことを願っています。

著者◎廣木 道心　ひろき どうしん

国際護道連盟宗家。支援介助法創始者。介護福祉士。1972 年生まれ、兵庫県出身。17 歳で少林寺拳法、19 歳で芦原空手を学ぶ。居合剣術をはじめ様々な日本の武道に、中国拳法、ボクシング、ムエタイ、サバット、ブラジリアン柔術など海外の武術、格闘技も学び、ノールールの野外試合も経験する。1998 年、琉球王家秘伝武術本部御殿手の達人・上原清吉氏と邂逅し、更なる修行に励む。2000 年「総合武術 躰全道」を創始。知的障害のある息子の育児の経験から「自他護身」という理念を生み出し、2008 年、武道の護身術と福祉のサポート技術を総括した「護道」を創始。道場での武術指導と同時に、その技術を活用した「支援介助法」の指導を福祉施設にて行う。代表作に書籍『護道の完成』、DVD『武の達人』『廣木道心先生の支援介助法』（いずれも BAB ジャパン）がある。

護道公式 HP　https://go-do.net/
道心ブログ　https://ameblo.jp/doshin01/

本文デザイン ● Re-Cre Design Works
装丁デザイン ● やなかひでゆき

◎本書は、武道・武術専門誌『月刊秘伝』2023 年 5 月号〜 12 月号、2024 年 2 月号〜 5 月号に連載された「自他護身を極める」、及び 2024 年 9 月号に掲載された記事をもとに新たに加筆・修正を行い、単行本化したものです。

「自他護身」武道 護道《ごどう》の心髄

シンプルな術理で無限に応用！

2024 年 9 月 5 日　初版第 1 刷発行

著　者　　廣木道心
発行者　　東口敏郎
発行所　　株式会社 BAB ジャパン
〒 151-0073 東京都渋谷区笹塚 1-30-11　4・5F
TEL　03-3469-0135　FAX　03-3469-0162
URL　http://www.bab.co.jp/
E-mail　shop@bab.co.jp
郵便振替 00140-7-116767
印刷・製本　　中央精版印刷株式会社

ISBN978-4-8142-0636-0 C2075